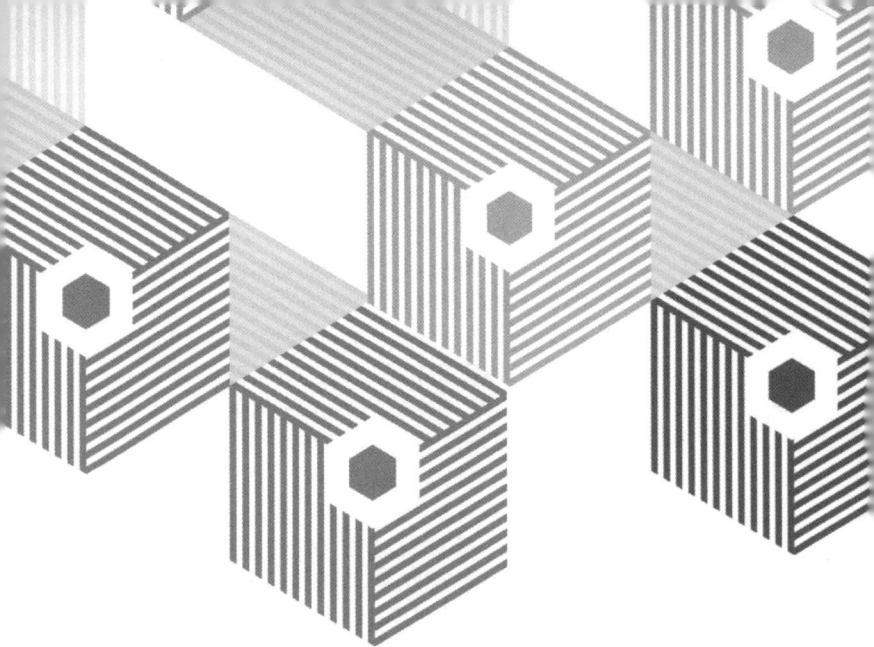

한치호 목사 묵상기도

십자가의 길 70일

문서사역
|종|려|가|지|

십자가의 길 70일 차례

1 • 마 16:24, 자기 십자가를 지고 _ 4
2 • 마 3:15, 의를 이루는 것이 _ 6
3 • 마 4:4, 사람이 하나님의 말씀으로 _ 8
4 • 마 5:48, 아버지의 온전하심과 같이 _ 10
5 • 마 6:1, 보이려고 의를 행하지 않도록 _ 12
6 • 마 7:21, 주여 주여 하는 자마다 _ 14
7 • 마 8:22, 죽은 자들이 장사하게 하고 _ 16
8 • 마 18:10, 하나도 업신여기지 말라 _ 18
9 • 마 18:22, 일곱 번을 일흔 번까지 _ 20
10 • 마 19:21, 소유를 팔아 가난한 자들에게 _ 22
11 • 마 20:34, 곧 보게 되어 그들이 _ 24
12 • 마 21:7, 자기들의 겉옷을 그 위에 _ 26
13 • 마 22:29, 성경도, 하나님의 능력도 _ 28
14 • 마 22:37, 주 너의 하나님을 사랑하라 _ 30
15 • 막 1:17, 이르시되 나를 따라오라 _ 32
16 • 막 8:33, 하나님의 일, 사람의 일 _ 34
17 • 막 8:38, 나와 내 말을 부끄러워하면 _ 36
18 • 막 13:5, 사람의 미혹을 받지 않도록 _ 38
19 • 막 14:36, 아버지의 원대로 하옵소서 _ 40
20 • 눅 4:8, 경배하고, 그를 섬기라 _ 42
21 • 눅 6:36, 너희 아버지의 자비로우심 _ 44
22 • 눅 8:1, 열두 제자가 함께 하였고 _ 46
23 • 눅 8:21, 하나님의 말씀을 듣고 행하는 _ 48
24 • 눅 8:39, 어떻게 큰일을 행하셨는지를 _ 50
25 • 눅 9:62, 뒤를 돌아보는 자는 _ 52
26 • 눅 10:28, 율법을 지켜 행하도록 _ 54
27 • 눅 10:37, 누가 강도 만난 자의 이웃? _ 56
28 • 눅 11:28, 하나님의 말씀을 듣고 지키는 자 _ 58
29 • 눅 18:24, 재물이 있는 자는 _ 60
30 • 눅 22:39, 습관을 따라 감람 산에 _ 62
31 • 눅 22:44, 힘쓰고 애써 더욱 간절히 _ 64
32 • 눅 22:51, 그 귀를 만져 낫게 _ 66
33 • 요 4:34, 그의 일을 온전히 이루는 _ 68
34 • 요 5:17, 나도 일한다 하시매 _ 70
35 • 요 6:15, 다시 혼자 산으로 _ 72

36 • 요 6:53, 인자의 살을, 인자의 피를 _ 74
37 • 요 8:31, 너희가 내 말에 거하면 _ 76
38 • 요 8:34, 죄를 범하는 자마다 _ 78
39 • 요 10:32, 내가 아버지로 말미암아 _ 80
40 • 요 11:4(하), 하나님의 영광을 위함이요 _ 82
41 • 요 11:35, 눈물을 흘리시더라 _ 84
42 • 요 11:40, 내 말이 네가 믿으면 _ 86
43 • 요 12:28(하), 또 다시 영광스럽게 _ 88
44 • 요 12:35(상), 빛이 있을 동안에 다녀 _ 90
45 • 요 13:1(하), 끝까지 사랑하시니라 _ 92
46 • 요 13:38, 네 목숨을 버리겠느냐 _ 94
47 • 요 14:23, 사람이 나를 사랑하면 _ 96
48 • 요 15:10, 내 계명을 지키면 _ 98
49 • 요 17:1(하), 아들로 아버지를 영화롭게 하게 _ 100
50 • 요 17:6(상), 내가 아버지의 이름을 _ 102
51 • 요 18:11, 아버지께서 주신 잔을 _ 104
52 • 요 19:28, 이미 이루어진 줄 아시고 _ 106
53 • 요 20:31(상), 오직 이것을 기록함은 _ 108
54 • 고전 6:18, 자기 몸에 죄를 _ 110
55 • 고전 7:17, 각 사람을 부르신 그대로 _ 112
56 • 고전 16:14, 사랑으로 행하라 _ 114
57 • 엡 5:2(하), 그는 자신을 버리사 _ 116
58 • 엡 5:8, 전에는, 이제는 _ 118
59 • 갈 5:16, 육체의 욕심을 거절함 _ 120
60 • 빌 4:9, 너희와 함께 계시리라 _ 122
61 • 딤전 6:14, 이 명령을 지키라 _ 124
62 • 딤전 6:18, 선을 행하고 _ 126
63 • 딤후 2:3, 나와 함께 고난을 받으라 _ 128
64 • 딤후 4:5, 그러나 너는! _ 130
65 • 벧전 1:13, 마음의 허리를 동이고 _ 132
66 • 벧전 2:19, 부당하게 고난을 받아도 _ 134
67 • 벧전 2:21(하), 너희에게 본을 끼쳐 _ 136
68 • 벧전 4:13, 그리스도의 고난에 참여 _ 138
69 • 벧전 4:19, 고난을 받는 자들은 _ 140
70 • 히 12:2(하), 십자가를 참으사 _ 142

십자가의 길 1

마 16:24

이에 예수께서 제자들에게 이르시되

누구든지 나를 따라오려거든 자기를 부인하고

자기 십자가를 지고 나를 따를 것이니라

자기 십자가를 지고

하나님 아버지,

주님을 따르려는 자에게 "자기를 부인하고 자기 십자가를 지고" 따르라하시니 감사합니다. 주님처럼 하나님을 영화롭게 해드림에 인생의 목표를 두고, 십자가의 길을 걷는 삶을 생각하니 감격스럽습니다.

십자가를 지겠다면 자기를 부인함이 먼저 되어야 한다는 것을 깨닫습니다. 저를 부인함에 실패하여 영원한 생명을 잃어버리게 될까 두렵습니다. 그러므로 저를 구하지 않기를 원합니다.

그러니, 먼저 가셨던 주님의 발자국에서 벗어나지 않고, 그 걸음에 저의 발을 딛고, 따르게 하시옵소서. 오직 이 길을 따름으로 영원한 생명을 찾게 하시옵소서.

- 주님께서 기도를 하셨던 것처럼 습관적으로 기도할 시간과 장소를 찾아 간구하게 하시옵소서.
- 주님께서 병든 자들을 보시고 눈물을 흘리셨으니 아파하는 이들로 말미암아 눈물을 흘리게 하시옵소서.
- 주님께서 아버지의 뜻을 이루어드리셨듯이, 하나님의 뜻이 이루어지기를 원하게 하시옵소서.

주님께서 지셨던 십자가를 지려 할 때, 감격스럽게 하시옵소서.

예수님의 이름으로 기도드립니다. 아멘.

십자가의 길 2

|

마 3:15

예수께서 대답하여 이르시되 이제 허락하라

우리가 이와 같이 하여 모든 의를 이루는 것이 합당하니라 하시니

이에 요한이 허락하는지라

의를 이루는 것이

하나님 아버지,
"모든 의를 이루는 것이 합당하니라."라고 하시니 감사합니다.
죄가 없으시고, 회개하실 필요가 없으신 주님께서 택함을 받은 죄인들을 위하여 율법에 온전히 순종하시다니요! 감격입니다.
하나님께서는 주님을 제물로 받으시기를 원하셔서 주님께서는 죄인을 대신하여 율법의 형벌을 담당해 주셨지요. 하나님의 일을 성취해 드리려고 율법에 순종하사, '모든 의를 이루신' 주님이십니다.
오늘, 예수님이 우리의 죄를 짊어지신 속죄의 어린양이시라는 상징으로 세례를 받으셨음에 찬미로 감사를 드립니다. 그 은혜로 제가 이렇게 하나님께 아들로 당당히 서게 되었습니다. 하나님의 자녀로 찬양을 드리게 해 주셨으니 주님을 사랑하게 하시옵소서.
- 주님처럼 하나님의 일을 이루어드리고,
- 의를 이루어드림에는 무엇이든지 결단하게 하시옵소서.
자기를 위해 살지 않으시고, 오직 하나님의 뜻을 이루어 드리려고 사셨던 주님의 삶을 저의 것으로 받게 하시옵소서. 이제, 저는 주님과 복음을 위해 살아가는 그 십자가를 받게 하시옵소서.

예수님의 이름으로 기도드립니다. 아멘.

십자가의 길 3

마 4:4

예수께서 대답하여 이르시되 기록되었으되

사람이 떡으로만 살 것이 아니요 하나님의 입으로부터 나오는

모든 말씀으로 살 것이라 하였느니라 하시니

사람이 하나님의 말씀으로

하나님 아버지,
"하나님의 입으로부터 나오는 모든 말씀으로 살 것이라." 하시니 감사합니다. 기록된 말씀은 하나님의 살아 있는 말씀이며, 진리의 영이신 성령님의 친 음성이라는 것을 믿게 하시니 감격스럽습니다.

육신적인 삶에는 떡(밥)이라는 양식을 먹어야 하지만 영적인 삶에는 하나님의 말씀을 먹고 살아야 한다는 것을 배웁니다. 마귀가 유혹을 하고, 마귀가 쓰러뜨리려 하므로 성경을 양식으로 삼게 하시옵소서. 오늘, 저에게 성경이 십자가의 삶을 살도록 한다고 확신합니다.

살아가면서 마귀의 유혹을 물리쳐야 한다는 것을 생각하고, 때로는 마귀에게 대적한 적도 있었으나 돌아보면 그 자리였습니다. 아하, 이제 깨닫습니다. 저의 각오나 의지로는 결코 마귀를 물리칠 수 없다는 것을요. 성경은 기록된 하나님의 말씀이므로, 이 말씀이 마귀의 온갖 시험에 대한 정확한 대답인 줄로 믿습니다. 하나님의 말씀이 유혹에 대한 완벽한 해결이 되며, 하나님의 말씀에 마귀가 스스로 물러 갈 것을 확신하게 하시니 감사합니다. 오직 성경으로 지내게 하시옵소서.

예수님의 이름으로 기도드립니다. 아멘.

십자가의 길 4

|

마 5:48

그러므로

하늘에 계신 너희 아버지의 온전하심과 같이

너희도 온전하라

아버지의 온전하심과 같이

하나님 아버지,
"하늘에 계신 너희 아버지의 온전하심과 같이" 온전해야 될 것을 말씀하시니 감사합니다. 하나님께서는 저에게 하나님의 아들답게 지내기를 원하신다고 확신하니 감격스럽습니다.
하나님의 사랑을 실천하여 하나님을 닮아가는 삶, 제가 어찌 그 사랑의 십자가를 질 수 있겠습니까? 주님의 십자가는 하나님의 사랑이었다고 여겨집니다.
하나님의 사랑이 어떠한가요?
- 악인과 선인에게 해를 비치시는 하나님이시지요.
- 의로운 자와 불의한 자에게 비를 내리시는 하나님이시지요.
하나님은 오늘, 제가 하나님을 대적하는 자들도 사랑하기를 원하신다고 믿습니다. 하나님께서 그렇게 사랑하시기 때문이시지요. 주님의 그 모습이 제가 가야하는 길임을 결단하게 하시옵소서.
아하, 이제까지 저는 사랑을 한다면서도 이기적이었습니다. 하나님께서 사랑하시는 자들을 외면하였습니다. 오늘 이후로, 하늘에 계신 아버지의 아들답게 교회 밖에 있는 이들을 사랑으로 섬기게 하시옵소서. 그 사랑으로 십자가의 삶을 이루어 가도록 이끌어 주시옵소서.

예수님의 이름으로 기도드립니다. 아멘.

십자가의 길 5

|

마 6:1

사람에게 보이려고 그들 앞에서

너희 의를 행하지 않도록 주의하라 그리하지 아니하면

하늘에 계신 너희 아버지께 상을 받지 못하느니라

보이려고 의를 행하지 않도록

하나님 아버지,

"그들 앞에서 너희 의를 행하지 않도록 주의하라." 라고 하시니 감사합니다. 은밀하게 하나님께 드림의 행실에 주목하라 하심인 줄로 믿습니다. 혹시라도 자신의 행실에 대한 하나님의 보상을 사람에게 빼앗기지 않도록 주의하라 하심이니 감격스럽습니다.

주님께서는 외식적인 선행이나 구제를 경계하시고, 은밀한 구제를 강조하신 것을 생각합니다. 그러니, 사람들에게 칭송을 들을 만한 일에 있어서는 더욱 '사람에게 보일까'에 주의하게 하시옵소서.

만일, 자신의 선행이나 구제로 사람들로부터 영광과 칭찬을 구하지 않게 하시옵소서. 주님의 말씀에, '자기 상을 이미 받았느니라'고 하셨습니다. 사람에게서 영예를 취하면 하늘의 상이 없다는 것이지요.

은밀하게 하셨던 주님의 모습을 성령님께서 저에게 강권해 주시옵소서. 그것이 십자가의 삶이라고 깨닫습니다.

더욱이 감사한 약속은 은밀하게 행한 행실을 하나님께서 드러나게 갚아주신다고 하셨습니다. 사람의 은밀한 행위에 보상하시는 하나님으로 만족하게 하시옵소서.

예수님의 이름으로 기도드립니다. 아멘.

십자가의 길 6

|

마 7:21

나더러 주여 주여 하는 자마다 다 천국에 들어갈 것이 아니요

다만 하늘에 계신 내 아버지의 뜻대로

행하는 자라야 들어가리라

주여 주여 하는 자마다

하나님 아버지,

주님께서 권고해 주시기를, "주여 주여 하는 자"가 되지 않도록 하셨습니다. 천국에 들어갈 자에 대하여 가르쳐 주신 줄로 믿습니다. 하나님의 뜻대로 행하는 자가 성도라는 것을 깨닫습니다.

누가 '주여 주여'라고 합니까? 바로 목회자들과 교회 공동체에서 성도들을 이끄는 지도자들이라 생각합니다. 그들은 일반 성도들보다도 '주여, 주여'를 많이 하지요. 입술로는 누구보다도 주님을 많이 부른다고 생각합니다.

"하늘에 계신 내 아버지의 뜻대로 행하는 자가" 되어야 한다고 하셨습니다. '주여 주여'를 불렀다면 응당 하나님의 뜻을 행함이 따를 것입니다. 그렇지만 그러하지 못하였다는 주님의 지적에 회개합니다. 십자가의 삶을 놓치고 지냈음을 용서하시옵소서.

거짓으로 주님을 사랑하는 자는 그의 '주여 주여'가 진실한 고백이 아니므로 행위가 뒤따르지 않겠지요. 참 마음으로 주님을 사랑하며 십자가를 가까이 한다면 하나님의 뜻을 행한다는 것을 깨닫습니다.

신자로서의 행위가 없는 입술만의 고백은 죽은 고백에 불과하다는 것을 생각해 봅니다. 행위로 믿음을 증명하게 하시옵소서.

예수님의 이름으로 기도드립니다. 아멘.

십자가의 길 7

마 8:22

예수께서 이르시되 죽은 자들이

그들의 죽은 자들을 장사하게 하고

너는 나를 따르라 하시니라

죽은 자들이 장사하게 하고

하나님 아버지,

죽은 자들이 "그들의 죽은 자들을 장사하게 하고 너는 나를 따르라." 라고 하시니 감사합니다. 세상의 일 때문에 하나님의 일이 지연되거나 중단되어서는 안 된다는 것인 줄로 믿습니다.

주님께 부름을 받은 사람이 자기의 아버지가 죽어서 장사하겠다는 말에, 주님께서 "죽은 자들이 그들의 죽은 자들을 장사하게" 하라 하셨습니다. '죽은 자들'은 영적으로 죽어 있는 이들에 대한 표현이었다고 깨닫습니다.

물론 아버지가 돌아가셨으니, 자식으로서 그를 장사해야 마땅하지요. 주님의 말씀은 땅의 일들로 말미암아 하늘의 일이 뒤로 미루어져서는 안 된다는 가르침이며, 십자가의 길임을 확신합니다.

아하, 저의 어리석었음을 깨닫고 회개합니다. 사실, 저는 하나님의 일이 성취되어야 하는 것을 알지만 윤리적인 것을 먼저 했습니다. 그것은 덕을 세워야 한다는 핑계로 말입니다.

오늘, 군사로 모집을 받은 자는 자기 생활에 얽매이지 않는다(딤후 2:4)라고 쓴 바울의 말을 기억합니다. 하나님의 뜻을 성취하는 것을 먼저 하게 하시며, 사람의 일들 때문에 지연되지 않게 하시옵소서.

예수님의 이름으로 기도드립니다. 아멘.

십자가의 길 8

|

마 18:10

삼가 이 작은 자 중의 하나도 업신여기지 말라

너희에게 말하노니 그들의 천사들이 하늘에서

하늘에 계신 내 아버지의 얼굴을 항상 뵈옵느니라

하나도 업신여기지 말라

하나님 아버지,

"작은 자 중의 하나도 업신여기지 말라."라고 하시니 감사합니다. 예수님께로 나온 어린아이 하나를 무시하지 말라는 줄로 믿습니다. 업신여기지 말라 하심에 감격스럽습니다.

예수님의 말씀에서 한 사람의 생명을 보시는 주님을 생각합니다. 주님께서는 어른의 생명이든지, 아이의 생명이든지, 혹은 어머니의 태 안에 있는 생명도 동등하게 귀하게 보심을 깨닫습니다.

오늘, 저에게 한 말씀을 하시는 주님의 말씀을 듣습니다. 사실, 저는 사람에 대하여 때때로 무시하거나 그 사람이 '나에게 어떤 상대냐'에 따라서 귀찮아하기도 했습니다. 용서해 주시옵소서. 사람의 주인이 하나님이시라는 것을 새삼 생각합니다.

작은 자라고 하여 업신여기지 않음에서, 사람에 대한 무시를 방지하신 말씀을 받습니다. 이제, 제가 사람을 대할 때, 그를 지으신 하나님을 생각하게 하시옵소서. 그것이 십자가의 삶이라고 확신합니다.

오늘 이후로, 누구라 할지라도 그들의 천사들이 항상 하나님의 얼굴을 뵈옵고 있다는 것을 잊지 않게 하시옵소서. 누구에게든지 하나님께서 지으신 인격을 대하는 시선으로 보게 하시옵소서.

예수님의 이름으로 기도드립니다. 아멘.

십자가의 길 9

마 18:22

예수께서 이르시되

네게 이르노니 일곱 번뿐 아니라

일곱 번을 일흔 번까지라도 할지니라

일곱 번을 일흔 번까지

하나님 아버지,

남을 용서하는 기준에 대하여 주님께서, "일곱 번을 일흔 번까지라도"라고 하시니 감사합니다. 남에게의 용서는 하나님께서 저를 용서하심과 같아야 한다는 것에 감격스럽습니다.

사실, 저에게는 반복적인 용서에 대한 편견이 있었습니다. 가령, 일곱 번이나 용서를 해야 한다면 그 사람에게서는 더 이상 기대할 것이 없다는 것이었지요. 상대방이 저에게 반복적으로 용서를 기대하게 한다면 더 이상 그를 상대할 가치가 있겠습니까?

주님께서는 오늘, 저에게 용서를 비는 사람을 향해서, 일곱 번뿐 아니라 "일흔 번씩 일곱 번이라도" 용서하라고 하십니다. 이 말씀에서 이미 제가 하나님께로부터 '일흔 번씩 일곱 번이라도 용서'를 받고 있음을 깨닫습니다.

- 용서는 반복이 되어야 한다는 것을 확인합니다. 그것은 인생을 대하시는 주님의 사랑이지요.
- 용서의 횟수는 무한이다. 자신의 잘못을 뉘우치면 용서를 받을 자격이 있다는 것을 확인합니다. 하나님께서 저를 그렇게 대하시지요.

이제, 저에게 남을 대할 때 용서를 미리 준비하게 하시옵소서.

예수님의 이름으로 기도드립니다. 아멘.

십자가의 길 10

|

마 19:21

예수께서 이르시되 네가 온전하고자 할진대

가서 네 소유를 팔아 가난한 자들에게 주라 그리하면 하늘에서

보화가 네게 있으리라 그리고 와서 나를 따르라 하시니

소유를 팔아 가난한 자들에게

하나님 아버지,

온전하기를 원하는 자에게, 자신의 "소유를 팔아 가난한 자들에게 주라."고 하시니 감사합니다. 자신의 부족함을 모르기 때문에 어리석음에 붙잡혀 지낸다고 깨닫습니다.

예수님을 찾아 온 청년이, 그는 자신이 하나님 앞에서 온전하다고 과시를 했지만 그에게 한 가지 부족한 것이 있음을 주님께서 지적해 주셨습니다. 그것은 그가 소유에 집착해 있다는 것이었지요. 소유가 그에게 우상이었다고 확인합니다. 주님께서는 청년을 사랑하셔서 그에게 온전함에 이르도록 권면해 주셨는데, 소유를 팔아 가난한 자들에게 나누어 주도록 하셨습니다.

어쩌면 지금 제가 똑같은지요. 저도 하나님께로 나아오면서 '제가 얼마나 수고를 했는데요.'라는 마음을 갖고 있지 않습니까? 저도 하나님 잎에서 온전하기를 원합니다. 제가 온전함에 이르기 위해서는 한 가지 부족한 것을 깨닫게 하시옵소서.

청년은 자신에게 재물이 많아 그대로 돌아섰는데 저도 그러한가요? 제가 해야 될 것이 무엇인지를 가르쳐 주시옵소서. 그것을 실천하는 것이 저에게 십자가의 길이라는 사실을 확신하게 하시옵소서.

예수님의 이름으로 기도드립니다. 아멘.

십자가의 길 11

|

마 20:34

예수께서 불쌍히 여기사

그들의 눈을 만지시니

곧 보게 되어 그들이 예수를 따르니라

곧 보게 되어 그들이

하나님 아버지,
"예수께서 불쌍히 여기사"라고 하시니 감사합니다. 사람들은 맹인들을 불쌍히 여기지 않았지만 예수님께서는 그들의 부르짖음을 들으신 줄로 믿습니다.
- 사랑의 주님께서는 맹인을 불쌍히 여시시고, 동정하셨습니다.
- 능력의 주님께서는 맹인을 낫게 하시고, 도와주셨습니다.
오늘, 주님께로 나아갈 때, 가져야 하는 마음을 깨우쳐 주시니 감사합니다. 주님께서는 지금, 저에게 "무엇을 하여주기를 원하느냐"고 물으신다고 확신합니다. 이에, "눈뜨기를 원하나이다."라고 여쭈었던 맹인들처럼 주님께 아뢸 소원을 갖게 하시옵소서.
저는 무엇이라고 소원을 아뢰어야 하겠습니까? 연약한 인생, 주님의 사랑과 능력이 저에게 나타나기를 사모하게 하시옵소서. "주여 우리를 불쌍히 여기소서."라고 부르짖었던 맹인들과 같이 부르짖게 하시옵소서. 저의 삶을 붙잡고 있는 괴로운 문제를 조아리게 하시옵소서.
오늘, 주님을 찾음에 대하여 은혜를 주시니 감사합니다. 부르짖음으로 주님께로 나아가게 하시옵소서. 주님께서 저를 불쌍히 여겨주심을 확인할 때까지 간구하게 하시옵소서.

예수님의 이름으로 기도드립니다. 아멘.

십자가의 길 12

I

마 21:7

나귀와 나귀 새끼를 끌고 와서

자기들의 겉옷을 그 위에 얹으매

예수께서 그 위에 타시니

자기들의 겉옷을 그 위에

하나님 아버지,
나귀가 어려서 아직 안장도 갖추지 못해 제자들이 자기들의 겉옷을 안장으로 얹게 하시니 감사합니다. 제자들이 주님을 영화롭게 해드렸음이 감격스럽습니다. 그들은 기회를 놓치지 않고, 주님께 영광을 드렸다고 확신합니다. 제자들의 '십자가를 짐'이라고 깨닫습니다.

세상을 향해서 주님께서 주님이 되심을 나타내기 위해서 저는 무엇을 하고 있습니까? 저에게 있는 것을 드려서 세상을 향해서 예수님이 주님이심을 선포하게 하시옵소서.

제자들은 자기들의 겉옷을 나귀 새끼 위에 얹음으로써 사람들에게 자신들의 신분을 드러내었습니다. 오늘, 제자들의 행위로 저에게 말씀하시는 하나님의 음성을 받습니다. 주님을 영화롭게 해드려, 제가 크리스천이라는 것을 세상에 드러내게 하시옵소서.

크리스천이라는 것이 드러남으로써 세상에서 손해를 볼 수도 있을 것입니다. 불리할 수도 있을 것입니다. 세상이 저를 어떻게 보는가를 두려워하지 않게 하시옵소서.

주님께서 주님이심을 선포하는게 저에게 십자가의 길이라고 믿습니다. 주님을 높여드려야 할 때, 영광을 드리게 하시옵소서.

예수님의 이름으로 기도드립니다. 아멘.

십자가의 길 13

|

마 22:29

예수께서 대답하여 이르시되

너희가 성경도, 하나님의 능력도

알지 못하는 고로 오해하였도다

성경도, 하나님의 능력도

하나님 아버지,
사두개인들에게 "성경도, 하나님의 능력도 알지 못하여" 오해하였다고 하시니 감사합니다. 예수님께서 사두개인들의 허구를 정곡으로 찌르시니 감격스럽습니다.
사두개인들은 당시 제사장들의 그룹이었는데, 성경으로 모세오경만 믿었지요. 그리고 내세와 부활, 영적 세계와 천사의 존재도 믿지 않았습니다. 그러니 주님은 이단으로 여겨졌을 것입니다.
당시에 예수님의 말씀은 주님 자신을 더 어렵게 하실 수도 있으셨다고 봅니다. 그럼에도 주님께서는 그들이 성경 진리를 모른다고 지적하셨습니다. 하나님의 능력을 알지 못함에 대하여 나무라셨습니다.
'성경도 하나님의 능력도 모른다.' 맞습니다. 성경의 진리를 받아들이지 못하니까 하나님의 능력도 깨닫지 못하게 되는 것이라고 생각합니다. 이미 구약에 부활에 대한 말씀이 있습니다. "주의 죽은 자들은 살아나고 우리의 시체들은 일어나리이다."(사 26:19)
저에게, 성경의 진리를 받아들이게 하시니 감사합니다. 또한 성경을 믿으니 하나님의 모든 것을 믿게 하셔셔 감사합니다. 제가 십자가의 길을 가도록 성경을 더 공부하게 하시옵소서.

예수님의 이름으로 기도드립니다. 아멘.

십자가의 길 14

I

마 22:37

예수께서 이르시되 네 마음을 다하고

목숨을 다하고 뜻을 다하여

주 너의 하나님을 사랑하라 하셨으니

주 너의 하나님을 사랑하라

하나님 아버지,

'다하고, 다하고, 다하여'를 말씀하시니 감사합니다. 율법을 지킨다는 이들에게 주님께서 율법의 뜻을 지적하심에 감격스럽습니다. 사두개인이 예수님을 곤란하게 해보려고 시험하는 질문, "율법 중에 어느 계명이 크니이까" 라는 물음에 전인으로 하나님을 사랑하는 것이 첫째 되는 계명이라고 하셨음을 깨닫습니다.

마음을, 목숨을, 뜻을 다한다는 것은 인격적으로 대해질 때 가능하겠지요. 하나님을 인격적으로 사랑하고, 공경해야 함을 배우게 하셨습니다. 율법은 '완전한 하나님의 법'으로서 사람이 다 지킬 수는 없지만 하나님을 사랑하면 된다는 가르침을 묵상합니다.

오늘, 하나님의 백성에게 첫째 되는 계명을 지킴에서 하나님을 사랑하라는 가르침을 받습니다. 그리고 하나님의 모든 계명은 하나님을 사랑함에서 지켜진다는 것을 깨닫습니다.

그러니, 저에게 하나님을 사랑하게 하시옵소서. 성령님께서 하나님께의 사랑을 강권해 주시기를 원합니다. 하나님께의 사랑으로 저를 뜨겁게 하시옵소서. 그때 주님의 뒤를 따라서 십자가의 길을 달려갈 줄로 믿습니다. 저의 가슴에서 십자가를 태우게 하시옵소서.

예수님의 이름으로 기도드립니다. 아멘.

십자가의 길 15

ㅣ

막 1:17

예수께서 이르시되 나를 따라오라

내가 너희로 사람을 낚는 어부가 되게

하리라 하시니

이르시되 나를 따라오라

하나님 아버지,
예수님께서 어부들을 보시고, "나를 따라오라" 하시니 감사합니다. 그들에게 "사람을 낚는 어부가 되게" 하시려는 비전을 가지셨음에 감격스럽습니다. 계획을 갖고 일하시는 주님을 봅니다.
예수님의 부르심, 주님의 부르시는 음성에 권세가 있어 그들에게 그물을 버리고, 부친을 버리게 하셨고, 주님의 부르시는 음성에 감동이 있어 주님을 따르게 하셨다고 믿습니다. 주님의 부르시는 음성에 그들은 거절할 수 없는 감동을 가졌고, 그것이 지금까지 그들이 지내왔던 삶마저도 버리게 하셨다는 것이지요.
오늘, 자신을 크리스천이라고 하는 이들에게 예수님과의 관계를 어떻게 맺고 있는지 살피도록 하시니 감사합니다. 주님께서 자기를 불러주신 경험을 생각하게 하시옵소서.
만일, 주님의 부르심이 없이 단지 어떤 소원으로 예수님을 선택하였고, 교회 생활을 하고 있는지요? 그러면 주님의 사람이 되지 못하고 종교인에 지나지 않겠지요. 이제라도 개인적으로 주님께 부르심을 받게 하시옵소서. 주님께서 부르시는 음성에 '버려두고 따름으로' 응답하게 하시옵소서. 그리하여 십자가의 길을 가게 하시옵소서.

                        예수님의 이름으로 기도드립니다. 아멘.

십자가의 길 16

막 8:33

예수께서 돌이키사 제자들을 보시며 베드로를 꾸짖어 이르시되

사탄아 내 뒤로 물러가라 네가 하나님의 일을 생각하지 아니하고

도리어 사람의 일을 생각하는도다 하시고

하나님의 일, 사람의 일

하나님 아버지,

"사탄아 내 뒤로 물러가라." 하시니 감사합니다. 하나님의 일을 생각하지 못함에 대하여 나무라시니 감격스럽습니다. 하나님의 일에 대한 깨달음을 주셨습니다.

예수님은 세상에 계실 때, 누구이셨습니까? 주님은 세상에서 영광을 받지 않으시고, 많은 고난을 당하며, 죽임을 당하신 후에 다시 살아나실 자이셨다고 깨닫습니다. 공생애 시간의 주님은 고난의 그리스도, 십자가에 달리실 그리스도이셨음을 묵상합니다.

베드로는 예수님께서 당하셔야 했던 고난, 대속의 죽음을 받으셔야 하셨던 주님을 알지 못하여서 그리 했다고 깨닫습니다.

예수님이 '십자가에 못 박히신 그리스도'이심을 감사합니다. 주님께서는 속죄의 죽음을 당하시므로 죄인을 위한 제물이 되어 주셔야 하셨습니다. 주님께서 십자가에서 이루어주신 은혜에 감사합니다.

죄인에게 영생의 길을 주시려고 십자가에 달려 죽어주신 주님, 그 은혜를 기억하면서 주님을 대하게 하시옵소서. 속죄의 제물이 되어주신 주님을 생각하면서 하나님의 일에 마음을 두게 하시옵소서.

       예수님의 이름으로 기도드립니다. 아멘

십자가의 길 17

막 8:38

누구든지 이 음란하고 죄 많은 세대에서 나와 내 말을 부끄러워하면

인자도 아버지의 영광으로 거룩한 천사들과 함께 올 때에

그 사람을 부끄러워하리라

나와 내 말을 부끄러워하면

하나님 아버지,
주님과 주님의 말씀을 부끄럽게 여기지 말라 하시니 감사합니다. 주님께서 다시 오실 때, 부끄러움을 당하지 않게 하시려 해주심에 감격스럽습니다.
크리스천이라 하면서도 저 자신이 세상에서 영악한 사람들과 비교될 때, 조금도 뒤처지지 않고 살아가려 합니다. 그들의 눈에 비쳐지는 저는 주님의 제자가 되려는 것보다는 복을 받기 위해서 하나님을 믿는다고 볼 수도 있을 것입니다.
아하, 저를 불쌍히 여겨 주시옵소서. 사실, 저의 기도를 종이에 옮겨보면 제가 주님의 제자인지, 자신의 복을 구하는 신앙자인지 스스로 확인합니다.
죄악이 정당한 것처럼 받아들여지는 세상에서, 아주 가끔 사람 ○○○는 주님과 주님의 말을 한다는 것이 부끄러워 입을 다물고 지내고 있습니다. 용서해 주시옵소서. 어찌해야 되겠습니까?
제가 저를 물리칠 수 있음은 성령님께 강권될 때임을 압니다. 성령님께서만 저를 크리스천으로 살게 하시리라 믿습니다. 성령님으로 충만하게 하시옵소서. 주님의 십자가를 묵상하며 지내게 하시옵소서.

예수님의 이름으로 기도드립니다. 아멘

십자가의 길 18

|

막 13:5

예수께서 이르시되

너희가 사람의 미혹을 받지 않도록

주의하라

사람의 미혹을 받지 않도록

하나님 아버지,
사람에게 속지 않도록 하라 하시니 감사합니다. 주님의 이름으로 와서 속일 것이니까 주의하라고 하셨음에 감격스럽습니다. 사탄과 악령이 사람에게로 들어와서 거짓 예언자를 만들고, 거짓 목회자를 만들고, 거짓 신자를 만듦에 대한 경고라고 깨닫습니다. 그들은 잘못된 사상, 잘못된 말과 글, 잘못된 메시지로 사람들을 속이므로 사람의 미혹을 받지 않도록 주의하라고 하셨습니다. 사람들이 그들의 속임수에 넘어갈 것이니 거짓 선지자나 거짓 목회자만이 문제가 아니고 거짓 신자도 있다는 것을 생각합니다.
어떤 이들의 경우에는 자신이 악령에 속은 지도 모른 체 성도에게 거짓 신앙을 강요하기도 하지요. 하여, 지금은 어느 때보다도 영을 분별해야만 한다고 확신합니다. 신앙의 변질과 부패를 거절하게 하시옵소서.
신앙을 혼란하게 하는 거짓말에 마음을 빼앗기지 않게 하시옵소서. 오직 진리로 자신을 사수하여 신앙을 붙잡게 하시옵소서.
특히, 열광적 은사체험의 강조나 추구에 자신을 내어주지 않게 하시옵소서. 성경 진리의 성실한 선포에 귀를 기울이고, 진실한 믿음과 성실한 순종의 삶으로 십자가의 길을 가게 하시옵소서.

예수님의 이름으로 기도드립니다. 아멘

십자가의 길 19

|

막 14:36

이르시되 아빠 아버지여 아버지께는 모든 것이 가능하오니

이 잔을 내게서 옮기시옵소서 그러나 나의 원대로 마시옵고

아버지의 원대로 하옵소서 하시고

아버지의 원대로 하옵소서

하나님 아버지,
"나의 원대로 마옵시고"라고 하시니 감사합니다. 주님께서는 마음의 불안과 고통을 느끼셨기 때문에 "이 잔을 내게서 옮기시옵소서."라고 하시면서도 "아버지의 원대로 하옵소서."라고 하셨음에 감격스럽습니다.

주님의 기도는 하나님께의 순종을 결단하심이라고 확신합니다. 주님의 간구는 주님께 제자가 되기를 원하는 자에게 공동적인 기도라고 깨닫습니다. 하나님의 뜻은 하나님의 일이기 때문이지요. 천국 백성의 삶은 나의 원대로가 아님인 줄로 믿습니다. 하나님의 자녀는 아버지의 원하심을 자신의 뜻으로 삼아야 한다고 깨닫습니다. 그것으로 십자가를 지고 가는 길이 될 것입니다.

아하, 지금까지 저의 기도나 소원이 얼마나 잘못되어 왔는지를 가르쳐 주십니다. 감사합니다. 제가 기도를 한다고 엎드렸던 시간은 저의 원대로 되는 것으로 채우지 않았습니까?

이제, 저에게도 기도를 시작하는 말은 "아버지의 원대로 하옵소서."이기를 원합니다. 가슴이 뜨거워지고, 불길에 타오르는 벅찬 감동으로 '아버지의 원대로'를 구하게 하시옵소서.

예수님의 이름으로 기도드립니다. 아멘.

십자가의 길 20

눅 4:8

예수께서 대답하여 이르시되 기록된 바

주 너의 하나님께 경배하고

다만 그를 섬기라 하였느니라

경배하고, 그를 섬기라

하나님 아버지,
"주 너의 하나님께 경배하고"라고 하시니 감사합니다. 마귀가 예수님께 자기에게 절하라고 하자, 마귀를 단호하게 물리치심에 감격스럽습니다. 하나님의 자리에 마귀가 오를 수는 없지요.
주님께서는 마귀에게 시험을 받으시면서 피조물이 섬겨야 하는 존재는 오직 하나님이시라는 것을 예수님께서 확인시켜 주신 줄로 믿습니다. 사람은 자신이 경배하는 대상을 섬긴다고 깨닫습니다.
주님께서는 하나님께 경배하고, 그를 섬기라고 하셨습니다. 하나님의 자리에 다른 것을 두고서 하나님으로 섬겨서는 안 된다는 것을 배웁니다. 하나님을 섬기도록 하시니 감사합니다.
오늘, 저에게 거룩한 결단으로 약속하게 하시옵소서. 하나님을 섬김의 대상으로 삼아야 하므로 하나님께 경배하는 삶을 지키겠노라고.
주님을 시험했던 마귀는 저에게도 나타나서 시험합니다.
- 잠깐일 뿐이야, 너를 즐겁게 하는 것에 마음을 주어봐!
- 너를 만족하게 해줄 거야, 돈에게 마음을 주어봐!
"사탄아 내 뒤로 물러가라." 주님처럼 마귀를 물리치게 하시옵소서. 그리고 하나님만 경배하겠다고 자신에게 소리치게 하시옵소서.

예수님의 이름으로 기도드립니다. 아멘.

십자가의 길 21

|

눅 6:36

너희 아버지의

자비로우심 같이 너희도

자비로운 자가 되라

너희 아버지의 자비로우심

하나님 아버지,
하나님께서 자비하시니 감사합니다. 하나님은 은혜를 모르는 자와 악한 자에게도 인자로우시니 감격스럽습니다.
"너희 아버지의 자비로우심 같이."라는 말씀에 방점을 찍습니다. 주님의 이 권면은 하나님의 자녀가 된 우리를 위하심이라 깨닫습니다. 부모를 기쁘게 해드리는 자녀의 삶은 부모를 닮음이지요. 아버지가 자녀에게 자신을 닮으라는 요구는 자녀를 위함이니까요.
하나님을 닮으라! 주님을 닮으라! 성령님을 따르라!
만일, 크리스천이 모든 사람을 사랑하고 특히 원수까지도 사랑한다면, 우리는 하나님의 성품을 본받은 자가 될 것이라고 확신합니다. 주님께서는 자비로운 자가 될 수 있는 방법을 일러 주셨습니다. 손을 사용하여 실천할 것이라고 배웁니다.
- 원수를 사랑하게 하시옵소서.
- 이웃에게는 누구에게나 선대하게 하시옵소서.
- 제 것을 빌려줄 때, 이자를 바라지 않게 하시옵소서.
오늘, 단 하나라도 하나님을 닮음의 행실을 갖게 하시옵소서. 그것으로 십자가의 길을 걷는 삶이 완성될 것이라 믿습니다. 아버지와 같이 하라는 주님의 말씀을 가슴에 매달게 하시옵소서.

예수님의 이름으로 기도드립니다. 아멘.

십자가의 길 22

|

눅 8:1

그 후에 예수께서 각 성과 마을에 두루 다니시며

하나님의 나라를 선포하시며 그 복음을 전하실새

열두 제자가 함께 하였고

열두 제자가 함께 하였고

하나님 아버지,
예수님께서 하나님의 나라를 선포하시며 그 복음을 전하시니 감사합니다. 그때, 열두 명의 제자들이 예수님의 전도에 함께 하였음이 감격스럽습니다.

그들은 주님께로 나아와 말씀을 반기고, 병에서 고침을 받으며 떡을 얻어먹기도 했던 무리와는 달라야 했다고 여깁니다. 제자들이 주님과 함께 하였음은 그들의 제자 된 모습이라고 확신합니다. 스승에게 충성된 제자라면 함께 해야 하지 않습니까?

오늘, 저는 예수님께 제자입니까, 아니면 주님을 보러 나온 무리입니까? 제자들이 주님과 함께 하였음에서 교훈을 받게 하시옵소서.

- 하나님의 말씀, 성경과 함께 하고 있습니까? 하나님 말씀에 순종함을 통해서 함께 하도록 성령님께서 강권해 주시옵소서.
- 성령님의 일하심(역사)에 함께 하고 있습니까? 그 일하심을 받들어 함께 하도록 성령님께서 강권해 주시옵소서.
- 교회 공동체에서 함께 하고 있습니까? 하나님을 영화롭게 해드림에 그들과 함께 하도록 성령님께서 강권해 주시옵소서.

이제, 주님과 함께함으로 살아드리게 하시옵소서. 오직 충성됨으로!

예수님의 이름으로 기도드립니다. 아멘.

십자가의 길 23

|

눅 8:21

예수께서 대답하여 이르시되

내 어머니와 내 동생들은 곧 하나님의 말씀을 듣고

행하는 이 사람들이라 하시니라

하나님의 말씀을 듣고 행하는

하나님 아버지,
주님의 관심은 오직 하나님이셨으니 감사합니다. 주님께서는 가족의 기준을 천국 백성으로서 하나님께 두신 것에 감격스럽습니다. 주님께서 말씀하신 것은 형제나 가족에 대한 개념을 혈족에 두고 있던 인생에게 거룩한 도전을 주셨다고 깨닫습니다. 하나님의 말씀을 듣고, 순종함으로써 천국 백성의 공동체로 초청해 주고 계심이라고 생각합니다. '하나님의 가족'이라는 것이지요.

교회 공동체에 대하여 '하나님의 권속'이라고 하였습니다. 하나님의 가족, 하나님의 식구들을 의미한다고 여깁니다. 인생에게 가족은 자기를 중심으로 한 100년의 시간을 가질까요? 하나님의 권속은 영원한 시간을 갖고 있다고 확신합니다.

사실, 지금까지의 저는 예수님을 주님으로 믿는 것에 만족해 왔습니다. 하나님을 아버지로 부르는 것에만 관심을 가졌었는데, 천국 백성이라는 가족의 의미를 선물로 받게 하시니 감격스럽습니다. 제가 출석하고 있는 교회 공동체가 권속이라는 사실에 가슴이 벅찹니다.

저에게 교회에서 하나님의 권속으로 영원을 살게 하셨음을 확신합니다. 십자가를 함께 지고 지내는 공동체를 사모하게 하시옵소서.

예수님의 이름으로 기도드립니다. 아멘.

십자가의 길 24

|

눅 8:39

집으로 돌아가

하나님이 네게 어떻게 큰일을 행하셨는지를 말하라 하시니

그가 가서 예수께서 자기에게 어떻게 큰일을 행하셨는지를

온 성내에 전파하니라

어떻게 큰일을 행하셨는지를

하나님 아버지,

귀신이 나간 사람에게 하나님께서 행하신 일을 말하라 하시니 감사합니다. 그가 집으로 가서 주님께서 귀신을 쫓아내어 주신 것을 전파하였음을 생각할 때 감격스럽습니다.

예수님께서 귀신을 내어 쫓으셨으니 그가 얼마나 기뻤을까요? 그래서 그는 주님과 함께 있기를 주님께 구하였다고 생각합니다. 저도 그렇게 요청을 드렸을 것입니다. "주님과 함께 살게 해 주십시오." 주님께서는 그의 요청을 거절하셨습니다. 그리고 말씀해 주셨습니다.

"집으로 돌아가 하나님이 네게 어떻게 큰일을 행하셨는지를 말하라." 이 말씀에 방점을 찍어 저의 마음에 담기를 원합니다. 하나님께서 저에게 하신 일, 그것을 사람들에게 말하라는 것이지요. 그리하여 그들도 주님께로 나와 구원을 받게 하라는 것이었다고 확신합니다.

우리가 입을 열면 성령님께서 주님의 주님이 되심을 증거 하신다고 믿습니다. 저도 예수님을 만났습니다. 저도 주님께로부터 치유를 받은 신비함을 갖고 있습니다. 저를 세상 속에 증언자로 보내시려는 주님께 순종하도록 하시옵소서.

예수님의 이름으로 기도드립니다. 아멘

십자가의 길 25

|

눅 9:62

예수께서 이르시되 손에 쟁기를 잡고

뒤를 돌아보는 자는 하나님의 나라에

합당하지 아니하니라 하시니라

뒤를 돌아보는 자는

하나님 아버지,

뒤를 돌아보는 자가 되지 말라고 하시니 감사합니다. 우선순위에 대하여 분명하도록 하심에 감격스럽습니다. 사실, 우선순위가 혼란하면 무엇에든지 성취할 수 없다는 것을 깨닫습니다.

밭을 가는 농부는 그의 눈을 앞에 고정해서 밭을 갈아야 할 것이라는 주님의 말씀에 동의합니다. 그가 밭을 갈면서 뒤를 돌아보면 이랑이 비뚤어지고 말잖습니까!

주님의 말씀에, '손에 쟁기를 잡고'라는 것은 천국의 일을 맡았다는 비유라고 생각합니다. 하늘의 일이 맡겨진 자가 세상적 일에 대하여 염려한다면 천국 일꾼으로서 합당하지 않다는 깨달음을 주십니다.

주와 복음을 위하여 일꾼이 된 자가 만일, 세상의 애착을 끊어버리지 못하면 천국의 직무가 어렵겠지요. 하나님께서 주신 직분과 직무를 다해드리려 세상의 염려나 걱정을 거절하게 하시옵소서.

하나님의 나라의 일에 부름을 받은 것, 그것이 저에게 십자가입니다. 세상에서 살아가면서 경우에 합당한 말로 복음을 전파하는 것, 그것이 저에게 십자가입니다. 오늘이라는 시간을 살아가는 의미를 하나님의 일에 전심전력하는 것으로 삼게 하시옵소서.

예수님의 이름으로 기도드립니다. 아멘.

십자가의 길 26

|

눅 10:28

예수께서 이르시되

네 대답이 옳도다 이를 행하라

그러면 살리라 하시니

율법을 지켜 행하도록

하나님 아버지,

"이를 행하라 그러면 살리라."고 하시니 감사합니다. 영생을 얻으려는 율법사의 질문에, 그가 율법을 지켜야 한다고 대답한 것을 칭찬하시면서 행하라 하심에 감격스럽습니다.

율법을 행하여 의롭다 하심을 얻을 자는 아무도 없다는 것을 믿습니다. 율법을 지키려는 자는 율법으로 의롭다고 인정을 받지 못하고 오직 자신이 죄악 됨을 깨달을 뿐이라고 여깁니다.

주님께서 그에게, "이를 행하라 그러면 살리라."고 하심은 그에게 자신의 죄악 됨을 깨닫게 하시려는 뜻이 있었다고 확인합니다. 누구나 율법을 진심으로 지키려면 자신의 죄인임을 깨달을 것입니다.

오늘, 저에게도 율법을 지켜 행하도록 하시옵소서. 저의 죄인 됨을 스스로 확인하고, 주님께서 십자가에 달리셔서 속죄의 제물이 되어 주셨음에 감사하게 하시옵소서. 이로써 주님의 죽으심에서 구원을 얻었음을 확인하고 찬송을 드리게 하시옵소서.

고의로 율법에서 떠나지 않고, 하나님의 말씀을 지키는 데까지 이르기를 원합니다. 하나님의 은혜로 값없이 의롭다 하심을 얻도록 하셨음에 찬양을 드리면서 율법에 성실하게 하시옵소서.

예수님의 이름으로 기도드립니다. 아멘.

십자가의 길 27

눅 10:37

이르되 자비를 베푼 자니이다

예수께서 이르시되 가서

너도 이와 같이 하라 하시니라

누가 강도 만난 자의 이웃?

하나님 아버지,

"너도 이와 같이 하라."고 하시니 감사합니다. 제사장과 레위인, 사마리아인 중에서, 주님께서는 강도를 만난 자의 이웃이 자비를 베푼 사마리아인이라는 사실을 확인하시면서 자비를 베풀라고 하셨음에 감격스럽습니다.

한 사람이 여리고로 내려가다가 강도를 만났는데, 제사장과 레위인이 그를 피해 갔지만 여행 중에 있던 사마리아인은 그를 보자, 돌보아 주었다고 했습니다. 그가 긍휼한 마음을 갖고, 사랑을 베풀려고 자기의 시간과 수고와 물질을 아끼지 않음에 감동합니다.

사람이 이웃을 사랑한다고 할 때, 주님께서는 우리가 사랑해야 될 그 이웃이 누구인가를 가르쳐 주셨다고 믿습니다. 그래서 사마리아인과 같이 하라고 하셨다고 확인합니다.

강도를 만난 자에게 이웃이 되어 준 사마리아인은 바로 주님을 가리키셨다고 깨닫습니다. 주님께서는 사마리아인처럼 우리를 대해 주셨다고 믿습니다. 사실, 인생은 사탄에게 강도를 만나지 않았습니까? 죄로 말미암아 죽게 된 인생에게 자신의 생명과 몸을 주신 주님이시지요. 이제, 저에게 주님의 모습으로 이웃이 되어 주게 하시옵소서.

예수님의 이름으로 기도드립니다. 아멘.

십자가의 길 28

|

눅 11:28

예수께서 이르시되

오히려 하나님의 말씀을 듣고

지키는 자가 복이 있느니라 하시니라

하나님의 말씀을 듣고 지키는 자

하나님 아버지,

예수님께서 하나님의 말씀을 듣고, 지킴을 강조하시니 감사합니다. 주님의 기준은 하나님이시고, 주님의 삶 또한 하나님께로부터 시작됨이 감격스럽습니다. 예수님께서 하나님의 말씀으로 사셨던 것처럼 하나님의 말씀을 듣고 지켜야 함을 믿습니다.

우리는 살아가면서 사람들이 전하는 말들을 수없이 듣지만, 거기에는 진리가 없고, 생명이 없다는 것을 압니다. 하나님의 말씀은 인생에게 곧 진리요 생명이라고 깨닫습니다. 그 말씀이 크리스천에게는 율법과 복음이라고 여겨집니다.

-율법, 인생의 죄를 밝히 드러내고 정죄한다고 깨닫습니다.

-복음, 하나님의 아들 예수 그리스도를 확실히 증거하고 회개하고 믿어 구원을 받으라고 선포한다고 깨닫습니다.

오늘, 하나님의 말씀을 듣고 지키라고 하신 의미를 배우게 하시옵소서. '듣고 행함'은, 이미 그 구원의 복음을 듣고 믿어 구원을 얻은 자로서 그 말씀을 또한 성실히 행하는 것을 가리킨다고 생각합니다.

순종과 행함으로 하나님을 믿는다는 저의 신앙에 대한 확인으로 삼게 하시옵소서. 이로써 십자가의 길에서 복되게 하시옵소서.

예수님의 이름으로 기도드립니다. 아멘.

십자가의 길 29

|

눅 18:24

예수께서 그를 보시고 이르시되

재물이 있는 자는 하나님의 나라에

들어가기가 얼마나 어려운지

재물이 있는 자는

하나님 아버지,

하나님께서 계셔야 될 마음의 자리에 재물이 있지 않도록 하라고 하시니 감사합니다. 재물에 대한 애착으로 하나님을 사랑함에서 뒤로 떨어지지 않도록 하셨음에 감격스럽습니다.

주님을 따르겠다고 나선 관원에게, 그의 소유를 팔아 가난한 자들에게 나누어 주라고 하셨습니다. 자신의 소유로 된 것들은 가난한 자들과 나누겠다는 마음이 주님을 따르는 자세라는 것이지요. 자신의 재물로 이웃, 특히, 가난한 자들을 섬김을 먼저 하라 하셨습니다.

그런데, 관원은 자신의 재물에 대한 근심으로 돌아갔다고 했습니다. 그는 영생을 얻고자 했지만 재물을 주려 하지 않았습니다.

오늘, 예수님께서 하나님과 재물을 겸하여 섬길 수 없다고 말씀하신 것을 기억합니다. 재물에 대한 애착이 하나님을 사랑함에 방해가 될 수 있어서라고 깨닫습니다. 크리스천이 자신의 마음을 고정시킬 대상은 하나님이지 재물이 아니라는 것을 배웁니다.

부자가 되기에 애를 쓰는 자에게 허무한 것에 주목하지 말라고 하셨습니다.(잠 23:5) 정함이 없는 재물에 소망을 두지 말고, 하나님께 소망을 두고 지내게 하시옵소서.

예수님의 이름으로 기도드립니다. 아멘.

십자가의 길 30

|

눅 22:39

예수께서 나가사

습관을 따라 감람 산에 가시매

제자들도 따라갔더니

습관을 따라 감람 산에

하나님 아버지,

예수님께서 습관을 따라 감람 산에 가시니 감사합니다. 주님께서 기도하실 때, 제자들도 따랐음에 감격스럽습니다. 제자들에게 하나님을 찾는 영적인 습관을 지니게 하셨습니다. 할렐루야!

인생에게 자신의 삶을 훈련하는데 있어서 습관은 최선의 방법이라고 깨닫습니다. 습관으로 말미암는 행동은 몸에다 익히는 것이라 인격을 만들어 가는데 유익하다고 여깁니다.

제자들은 예수님과 동행을 하는 중에, 감람 산도 자주 찾았으니 그들에게 거룩한 인품이 형성되도록 해주었을 것입니다. 그리고 주님과 함께 하는 시간에서 주님을 보다 가까이에서 닮아가는 은혜를 누렸다고 생각합니다.

저에게도 습관을 갖게 하시옵소서. 시간을 구별하여, 기도하며 성경을 읽고, 공예배의 시간에 공동체로 나아가는 습관을 주시옵소서.

하나님의 자녀, 천국 백성으로 살아가도록 균형을 잡아주는 습관을 좋아하게 하시옵소서. 거룩하도록 도와주는 습관을 신앙적 인격을 세워가게 하시옵소서. 십자가를 가까이 주님과 동행하는 삶이 되게 하시옵소서.

예수님의 이름으로 기도드립니다. 아멘.

십자가의 길 31
|

눅 22:44

예수께서 힘쓰고 애써

더욱 간절히 기도하시니 땀이 땅에 떨어지는

핏방울 같이 되더라

힘쓰고 애써 더욱 간절히

하나님 아버지,

주님께서 기도를 하시면서 "힘쓰고 애써 더욱 간절히"라고 하시니 감사합니다. 잔(속죄의 죽음)을 받으셔야 하는 시간에, 간절히 기도를 하셨음에 감격스럽습니다.

고통스런 시간에 주님께서 선택하신 것은 기도였음을 깨닫습니다. 간절한 기도는 그의 몸에서 땀이 흐르게 하셨다고 했습니다. 그때, 그 땀이 "땅에 떨어지는 핏방울 같이 되더라."는 표현을 저의 가슴에 담습니다. 기도가 얼마나 간절하셨으면 몸에서 나온 땀이 핏방울 같았습니까!

오늘, "간절히 기도하시니"라는 문장에 방점을 찍습니다. 마음으로 우러나와서 바라는 바가 꼭 이루어져야 하는 절대적인 상태를 간절함이라 하겠지요? 하나님께로 나아올 때, 간절함이 기도의 정신이며 자세라는 것을 배우게 하시니 감사합니다.

그러고 보니, 저는 기도에 간절함이 부족했음을 시인합니다. 저의 간구를 하나님께서 들으셔야 한다는 절박함으로 기도에 임하기를 원합니다. 간구에 응답하시는 것은 하나님의 주권이지만 간구에 저의 목숨을 거는 그러한 기도로 하나님께로 나아가게 하시옵소서.

예수님의 이름으로 기도드립니다. 아멘.

십자가의 길 32

|

눅 22:51

예수께서 일러 이르시되

이것까지 참으라 하시고

그 귀를 만져 낫게 하시더라

그 귀를 만져 낫게

하나님 아버지,

베드로가 대제사장의 종의 귀를 쳐서 떨어뜨렸지만 주님께서 그의 귀를 만져 낫게 하시니 감사합니다. 주님께서 이르시기를, "이것까지 참으라." 하시니 감격스럽습니다. 주님께서 그들에게 체포되셔야 했기에, 참으라고 하신 줄로 믿습니다.

예수님께서는 주님의 일을 하셔야 되었다고 확신합니다. 죄인들을 구원하시려고 친히 죄인이 되셔야 했고, 제물로 십자가에 달리셔야 하셨습니다. 그것은 또한 하나님의 일이기도 했습니다.

주님의 말씀은 제자들에게, 그들의 행동을 그냥 내버려두어 그들 마음대로 하게 하라는 뜻이었다고 깨닫습니다. 그래서 대제사장 종의 귀를 만져 낫게 하셨다고 여겨집니다.

주님께서 귀를 낫게 해주시자, 제자들의 흥분도 가라앉혀졌음을 느낍니다. 베드로의 행동은 옳은 것 같았지만 하나님의 일을 깨닫지 못한 것이었지요.

오늘, 하나님의 뜻이 이루어지기 위해서는 악인의 행동에 저항하지 않고, 내버려두어야 함을 묵상합니다. 저에게의 관심은 오직 하나님의 뜻에 두기를 원합니다. 하나님의 뜻을 이루어 드리게 하시옵소서.

예수님의 이름으로 기도드립니다. 아멘.

십자가의 길 33

|

요 4:34

예수께서 이르시되 나의 양식은

나를 보내신 이의 뜻을 행하며

그의 일을 온전히 이루는 이것이니라

그의 일을 온전히 이루는

하나님 아버지,

주님의 말씀에서, "나를 보내신 이의 뜻을 행하며 그의 일을 온전히 이루는" 것이라 하시니 감사합니다. 몸을 위한 양식만 알던 제자들에게 하늘 양식을 알게 하셨음에 감격스럽습니다.

하나님의 일이 주님의 양식이라는 말씀은 100번 맞습니다. 하나님의 일은 예수님께서 성육신을 하신 근거이며, 공생애의 의미라고 깨닫습니다. 사람이 음식으로 몸에 생명의 힘이 제공되듯이, 주님께 생명의 힘은 하나님의 일을 하심으로써 말미암았다고 깨닫습니다.

성도는 어떠한가요? 하나님의 자녀에게도 영적인 생명의 힘은 하나님의 일을 할 때 공급을 받는다고 깨닫습니다. 저에게 성도로 살아가는 힘의 공급은 음식을 먹는데서가 아니라 오직 하나님의 일을 함에서 생겨난다는 것을 잊지 않게 하시옵소서.

오늘, 여호와 앞에서 결단하기를 원합니다. 주님께서 하나님의 일을 자기의 양식으로 삼으셨듯이 그리하게 하시옵소서.

하나님의 자녀로서의 생명 유지를 위하여 하늘 양식에, 그리고 지금은 몸을 갖고 있으니 몸의 양식을 하나 더 주목하게 하시옵소서. 참된 양식과 몸의 양식에 균형을 갖추게 하시옵소서.

예수님의 이름으로 기도드립니다. 아멘.

십자가의 길 34

|

요 5:17

예수께서 그들에게 이르시되

내 아버지께서 이제까지 일하시니

나도 일한다 하시매

나도 일한다 하시매

하나님 아버지,
내 아버지께서 이제까지 일하시니"라고 하시니 감사합니다. 하나님께서는 천지와 만물을 만드신 후에도 창조에 따른 안식을 가지셨고, 그 후에도 계속해서 일을 하신 줄로 믿습니다.

창조 이후에도 하나님께서는 예정과 섭리를 통해서 일을 하셨다고 깨닫습니다. 지으신 것들을 보호하시고, 죄인들에 대한 구원과 심판의 역사를 하고 계심을 확신합니다.

오늘, 제가 하나님을 아버지로 부르며 기도하는 이 한 시간도 하나님의 일하심 속에 포함이 되어 있음을 확인합니다. 성령님께서 저를 강권하셔서 기도하게 하시니 감사합니다.

오늘, 주님께서는 일을 하시는 하나님 앞에서 일하심을 믿습니다. 주님께서는 하나님의 뜻을 받들어서, 하나님께서 계획하신 구원과 심판의 일을 하신다고 묵상합니다. 하나님의 일을 주님께서도 하시니 하나님과 예수님의 동등 되심을 보여주셨습니다.

이제, 저를 결단으로 이끌어 주시옵소서. 주님의 일 하심을, 하나님께서 일을 하고 계심에 두셨듯이, 저도 하나님의 일을 하게 하시옵소서. 죄인을 향해서 복음을 선포하는 일을 하게 하시옵소서.

예수님의 이름으로 기도드립니다. 아멘.

십자가의 길 35

|

요 6:15

그러므로 예수께서 그들이 와서

자기를 억지로 붙들어 임금으로 삼으려는 줄 아시고

다시 혼자 산으로 떠나가시니라

다시 혼자 산으로

하나님 아버지,
제자들 그리고 주님을 따르던 자들은 예수님을 메시야로 알았다고 확인합니다. 그러나 그들이 받아들였던 메시야와 하나님의 아들 메시야는 본질적으로 달랐지요!
그들은 예수님이 자기들을 세상으로부터 구해주시는 메시야, 로마의 압제에서 신음하던 이스라엘 민족을 구해줄 메시야로 이해하였다는 것이었다고 생각합니다. 왜 이렇게 되었을까요?
- 광야에서 떡을 먹어서였을까.
- 각종 병든 자들이 낫는 것을 보아서였을까.
- 귀신이 쫓겨 가는 것을 보아서였을까.
그들이 주님을 왕으로 삼으려고 하니, 예수님께서 그들의 요구에 응하시지 않고, 산으로 떠나가셨음을 깨닫습니다. 주님은 그런 메시야가 아니셨다고 확신합니다.
아하, 표적만으로는 '하나님께서 보내신 메시야'를 바로 알지 못한다고 깨닫습니다. 저에게 묻기를 원합니다. "예수님은 누구시냐?" 영적인 하나님의 아들을 육적인 메시야로 생각하고 있다면 예수님을 믿기를 다시 시작하게 하시옵소서. 그리스도로 믿게 하시옵소서.

예수님의 이름으로 기도드립니다. 아멘.

십자가의 길 36

|

요 6:53

예수께서 이르시되 내가 진실로 진실로 너희에게 이르노니

인자의 살을 먹지 아니하고 인자의 피를 마시지 아니하면

너희 속에 생명이 없느니라

인자의 살을, 인자의 피를

하나님 아버지,
주님께서 살과 피로 된 자신의 몸을 속죄의 제물로 주셨으니 감사합니다. 주님의 살을 먹고, 주님의 피를 마시는 것으로 상징된 주님과의 연합으로 하나님의 자녀가 되어 감격스럽습니다.
주님께서 나를 위하여 속죄의 제물이 되어 주셨음을 믿음이 바로 주님의 살과 피를 먹으며 마시는 것이라고 깨닫습니다. 속죄의 제물이 되어주셨음을 믿는 순간, 주님과의 연합에 들어간다고 확신합니다.
이스라엘 백성은 유월절 만찬을 먹고, 애굽에서 길을 떠났지요. 오늘, 저희들은 성찬을 먹고, 천국을 향해 길을 간다고 믿습니다. 길을 나섰던 이스라엘 백성에게 유월절 식사가 양식이 되었듯이, 주님의 살을 먹고, 주님의 피를 마심(성찬)이 천국 길에 나선 저희들에게 양식이 된다고 확신합니다.
주님의 속죄를 먹음으로 영생을 갖게 하시니 감사합니다. 주님의 속죄로 마지막 날에 부활하는 보증으로 삼게 하시니 감사합니다.
오늘 이후로, 공예배에서 베풀어질 성찬을 기다리게 하시옵소서. 십자가를 지고 가는 삶에 성찬의 양식으로 천국 길을 향하는 순례자의 삶을 살아가게 하시옵소서.

예수님의 이름으로 기도드립니다. 아멘.

십자가의 길 37

I

요 8:31

그러므로 예수께서

자기를 믿은 유대인들에게 이르시되

너희가 내 말에 거하면 참으로 내 제자가 되고

너희가 내 말에 거하면

하나님 아버지,
예수님께서 참 제자가 되는 것을 말씀하시니 감사합니다. 주님의 말씀에 거하라 하심은 주님이 말씀을 믿고, 그 말씀따라 실행하라 하심인 줄로 믿습니다. 그때, 비로소 제자가 된다고 하십니다. 지금, 주님께서는 자기에게로 나온 사람들에게 제자가 되라고 요청하셨다고 봅니다. 주님께서는 그들 중에서 '참 제자'를 얻고자 하셨다고 확신합니다.

제자가 누구입니까? 어떤 사람에게 제자라는 이름을 붙이나요? 스승에게서 배우고, 가르침을 받은 그대로를 따라서 지내는 사람이라고 깨닫습니다. 제자는 스승의 가르침으로 살아가는 자이지요.

'내 말에 거하면.' 그렇습니다. 제자가 될 수 있는 조건이지요. 주님께서는 지금 저에게 이 말씀을 주셨다고 확신합니다. 주님의 말씀을 얼마나 많이 들었습니까? 듣기는 하면서도 흘려보내고 말았습니다.

주님의 말씀에 거해야 온전한 크리스천으로 살아가는데, 부족하였습니다. 사실, 예수님의 말씀에 거하기보다 자신의 생각에 거하기를 즐겨하여서 꿀밤을 먹이시는 한 마디라고 깨닫습니다. 주님의 음성을 듣고 따름으로써 십자가의 길을 가게 하시옵소서.

예수님의 이름으로 기도드립니다. 아멘.

십자가의 길 38

요 8:34

예수께서 대답하시되

진실로 진실로 너희에게 이르노니

죄를 범하는 자마다 죄의 종이라

죄를 범하는 자마다

하나님 아버지,

죄를 범하는 자가 죄의 종이라고 하셨음을 생각합니다. 유대인들은 자신이 아브라함의 자손이라고 자랑스럽게 여겼지만 주님의 눈에는 죽은 자들일 뿐이었다고 생각합니다.

그들은 자기들의 구원과 관련하여 죄에 대해서는 관심도 없고, 깨달음도 없었지요. 그들은 이미 죄에게 종이 되어 있었다고 여겨집니다.

주님께서는 그들에게 자유를 주시려고 진리를 알게 하셨지만 주님을 거절했습니다. 죄로부터 자유하게 해주시는 주님이 바로 복음이었는데, 그들은 주님을 받지 않았지요. 죄가 그들에게 복음을 받아들이지 못하게 했다는 것을 확인합니다.

"죄를 범하는 자마다 죄의 종이라."고 하셨습니다. 유대인들이 영적으로 죽은 자들이었다면, 저는 과연 살아있다고 말할 수 있는지를 살펴보게 하시옵소서. 만일, 제가 죄 사함에 대한 은혜를 경험하지 못하였다면 저도 자유하지 못하겠지요.

그러나 고의로 죄를 범하지 않음에서 자유한 지를 알게 하시니 감사합니다. 복음을 받게 해주셨으니 이 복음 안에서 지내기를 소망하게 하시옵소서. 자유를 지키고, 누리게 하시옵소서.

예수님의 이름으로 기도드립니다. 아멘.

십자가의 길 39
|

요 10:32

예수께서 대답하시되 내가 아버지로 말미암아

여러 가지 선한 일로 너희에게 보였거늘

그 중에 어떤 일로 나를 돌로 치려 하느냐

내가 아버지로 말미암아

하나님 아버지,
예수님께서 유대인들의 하나님께 대한 불신앙을 지적하시니 감사합니다. 그들이 완강함에도 불구하고 주님께서 담대하게 답변을 하심에서 감격스럽습니다. 복음을 증언함에 있어서 세상이 반대를 해도 담대해야 한다는 것을 깨닫습니다.

유대인의 율법에 따르면 어떤 사람이 스스로 경건하다고 주장한다면 그를 거짓 선지자로 간주해서 돌려 치려하였지요.(신 13:5) 그들은 예수님을 하나님의 아들로 받아들이려 하지 않고, 돌려 치려했다고 생각합니다. 고의로 메시야를 거절했다고 깨닫습니다.

주님께서는 유대인을 대하실 때의 자세가 '아버지로 말미암아', '여러 가지 선한 일', '보였거늘'의 원칙으로 임하셨다는 사실에서 교훈을 받습니다. 주님께서는 자신의 감정으로 그들을 대하시지 않고, 하나님의 뜻에 따르시는 기준을 보여 주셨습니다.

오늘, 세상 사람들 앞에서 살아가는 저의 기준, 크리스천임을 세상에 알리면서 지내야 하는 자신에 대하여 깨닫게 하십니다. 어떤 위협적인 상황에 몰린다 해도 하나님의 자녀라는 신분에서 뒤로 물러서지 않게 하시옵소서. 세상을 향해 담대하게 하시옵소서.

예수님의 이름으로 기도드립니다. 아멘.

십자가의 길 40

I

요 11:4(하)

하나님의 영광을 위함이요

하나님의 아들이 이로 말미암아

영광을 받게 하려 함이라 하시더라

하나님의 영광을 위함이요

하나님 아버지,
예수님께서 나사로의 죽음을 하나님의 영광으로 해석하시니 감사합니다. 나사로의 죽음과 관련해서 하나님과 예수님의 관계, 그리고 영광을 받으실 하나님에 대하여 설명하였다고 깨닫습니다. 예수님이 누구이시기에, 죽어 있는 나사로를 가리켜서 죽을 병이 아니라고 선언할 수 있으셨는지요? 사람이 죽음을 놓고 그리 말씀을 하실 수 있으신 분은 하나님이십니다.

거기에 모인 이들에게 주님께서 하나님과의 일체이심을 증거 하셨다고 확신합니다. 그리고 나사로의 죽음을 죽을 병이 아니고 하나님의 영광을 위함이라고 선언하셨다고 여깁니다. 그의 죽음을 보시면서 하나님의 영광을 보고 계셨음을 확증해 주셨습니다. 오늘을 지내면서 어떤 상황을 대하게 될 때, 그것을 해석하시는 주님의 눈을 경험하게 하시옵소서. 사람의 감정을 뒤로 하고, 하나님께의 의미를 찾게 하시옵소서. 제가 하나님의 자녀라면 이러한 상황을 경험하게 하시는 하나님의 의도를 보게 하시옵소서.

사람의 죽음에서 하나님의 영광을 발견하는 주님의 눈, 그 눈으로 세상을 바라게 하시옵소서. 이로써 십자가의 길을 걷게 하시옵소서.

예수님의 이름으로 기도드립니다. 아멘.

십자가의 길 41

|

요 11:35

예수께서

눈물을

흘리시더라

눈물을 흘리시더라

하나님 아버지,
예수님께서 나사로의 죽음을 보시고 슬퍼하시며 눈물을 흘리셨음에 감사합니다. 나사로가 죽음으로써 그 가정에서 겪어야 되는 슬픔에 주님께서 동참하신 모습이 감격스럽습니다.
언제나 죽음은 남겨진 자들을 슬퍼하게 합니다. 죽은 자의 집에 가셔서 그의 죽음을 슬퍼하는 가족들 곁에서 눈물을 흘리신 주님께 감사합니다. 주님께서 그의 자비를 보여 주셨다고 확신합니다. 나사로의 죽음에 대한 주님의 눈물은 그에게만 해당되지 않고, 죄로 말미암아 죽을 수밖에 없는 인생을 바라보시는 하나님의 슬픔이라고 깨닫습니다. 세상에 죄악이 관영했을 때 하나님은 사람 지으셨음을 근심하시고 한탄하셨다고 했습니다.(창 6:5-7)
오늘, 슬퍼하는 자와 동행하시며 눈물을 흘리시는 주님을 생각해 봅니다. 그 눈물은 주님께서 죄인들에게 친구가 되어 주셨음을 확인하게 합니다. 그 눈물은 주님이 우리에게 영원히 주님이시라는 것을 증언합니다.
- 성도를 외면하지 않으시는 주님을 사랑하게 하시옵소서.
- 성도에게 선한 목자가 되어 주신 주님을 사랑하게 하시옵소서.
양들을 위하여 자기 목숨을 버리신 주님을 생각하게 하시옵소서.

예수님의 이름으로 기도드립니다. 아멘.

십자가의 길 42

|

요 11:40

예수께서 이르시되

내 말이 네가 믿으면 하나님의 영광을 보리라

하지 아니하였느냐 하시니

내 말이 네가 믿으면

하나님 아버지,
예수님의 관심은 언제나 하나님의 영광을 구하는 것에 주목하셨음에 감사합니다. 주님께서 그러하셨듯이 하나님께 자녀로서 우리의 관심도 하나님의 영광에 집중하게 하시니 감격스럽습니다.
하나님은 이 땅에서 자기 백성이 하나님께 영광이 되기를 원하셔서 이적과 기사로 초대하신다고 확신합니다. 죽은 지가 사흘이 지난 나사로의 무덤에 오셔서 그를 살리신 것도 하나님의 영광을 보게 하시며, 그 영광으로 초대하심이라고 깨닫습니다.
주님께서 나사로를 살리셨을 때, 유대인들도 그의 다시 살아남을 목격했을 것인데, 그들은 하나님의 영광을 보지 못했다고 생각됩니다. 그것은 그들에게 주님의 말씀에 대한 믿음이 없어서였지요.
오늘, 마리아에게 권면하셨던 주님을 믿는 믿음을 갖기 원합니다. 이적과 기사를 목격할 때, 그 믿음으로 하나님의 영광을 보게 하시옵소서. 이로써 저에게도 관심은 이적과 기사가 아니라 그것을 통해서 보여 지는 하나님의 영광에 주목하게 하시옵소서.
하나님의 영광에 신앙자로서의 의미를 갖게 하시옵소서. 하나님의 자녀로서 아버지의 영광에 들어가게 하시옵소서.

예수님의 이름으로 기도드립니다. 아멘.

십자가의 길 43

|

요 12:28(하)

하늘에서 소리가 나서 이르되

내가 이미 영광스럽게 하였고

또 다시 영광스럽게 하리라 하시니

또 다시 영광스럽게

하나님 아버지,
예수님께서 "아버지의 이름을 영광스럽게 하옵소서."라고 기도하시니 감사합니다. 주님의 관심은 언제나 하나님의 이름이 영광스러움이셨음에 감격스럽습니다. 이로써 하나님께 신앙자로서의 중심은 하나님께 영광이라는 것을 분명히 합니다.
- 크리스천은 하나님의 영광을 구합니다.
- 그 무엇도 여기에 더하여지거나 빠져서도 안 됩니다.
하나님께서는 예수님(아들)의 사역으로 영광을 받으셨다고 확신합니다. 그래서 하나님께서 주님께, "이미 영광스럽게 하였고"라고 말씀을 하신 줄로 믿습니다. 그리고 "또 다시 영광스럽게 하리라."라고 하심으로써 주님의 십자가에서 죽으심과 부활로 영광스럽게 하시겠다는 말씀으로 받습니다.
주님의 기도에서 "아버지의 이름이 거룩히 여김을 받으시옵소서."라고 하셨음을 기억합니다. 하나님의 이름이 거룩히 여김을 받으시는 것이 바로 하나님의 이름을 영광스럽게 하는 간구라고 여깁니다.
하나님의 이름을 영화롭게 해드림에 삶의 중심을 놓게 하시옵소서. 오늘을 살아가는 저에게 의미는 하나님께 영광이게 하시옵소서.

예수님의 이름으로 기도드립니다. 아멘.

십자가의 길 44

I

요 12:35(상)

예수께서 이르시되

아직 잠시 동안 빛이 너희 중에 있으니

빛이 있을 동안에 다녀 어둠에 붙잡히지 않게 하라

빛이 있을 동안에 다녀

하나님 아버지,

"빛이 너희 중에 있으니"라고 하시니 감사합니다. 그런데 그 빛은 잠시 동안 있겠다고 하셨으니 기회에 대하여 주목하라 하심인 줄로 믿습니다. 예수님을 믿을 기회, 주님의 제자가 되어 살아가는 시간을 가리킨다고 깨닫습니다.

기회는 지금이라고 확신합니다. 기회는 지금 주어지는 것으로서 과거도 아니고, 미래도 아니라고 여깁니다. 과거의 시간이나 미래의 시간은 의미가 없지요. 빛이 있을 동안, 즉 지금의 시간에 크리스천으로서 살아가야 한다는 것을 배웁니다.

오늘, '빛이 있을 동안에'에 마음으로 방점을 찍고, 이 문장을 가슴에 담게 하시옵소서. 그리고 이 문장으로 기도하게 하시며, 이 문장에 삶의 시간을 두게 하시옵소서. 혹시라도 저에게 과거의 시간에 마음을 두거나 미래의 시간에 대한 생각을 갖지 않게 하시옵소서.

사람이 빛이 있을 동안에 다니면 어두움이 그를 붙잡지 못한다고 믿습니다. 크리스천이 예수님을 마음에 모신 동안에는 죄악과 무지가 붙잡지 못할 것이라고 확신합니다. 그러니, 언제나의 시간에서 '빛이 있을 동안'으로 삼아 다니게 하시옵소서.

예수님의 이름으로 기도드립니다. 아멘.

십자가의 길 45

I

요 13:1(하)

유월절 전에 예수께서 자기가 세상을 떠나

아버지께로 돌아가실 때가 이른 줄 아시고

세상에 있는 자기 사람들을 사랑하시되 끝까지 사랑하시니라

끝까지 사랑하시니라

하나님 아버지,

예수님께서 세상에 계실 때, "세상에 있는 자기 사람들을" 사랑하시니 감사합니다. 주님께서 공생애의 사역을 마치시는 때가 가까워오자 이제까지처럼 사랑하셨음에 감격스럽습니다.

주님의 사랑을 생각해 봅니다. 그 사랑은 끝까지의 사랑으로서,

- 하나님께서 택하신 자들을 예정하셨던 때로부터 사랑하셨고,
- 사람들 중에서 제자로 부르셨던 때에도 사랑하셨고,
- 공생애의 시간에, 세상에 계시는 동안에도 사랑하셨고,
- 십자가에 달려 죽으실 때까지 사랑하셨습니다.

그리고 부활하시며, 승천하신 이후, 세상 끝 날까지 사랑하시는 것을 믿습니다.

오늘, 예수님께서 하신 말씀을 기억합니다. "내가 저희에게 영생을 주노니 영원히 멸망치 아니할 터이요 또 저희를 내 손에서 빼앗을 자가 없느니라."(요 10:28) 우리를 위하시는 주님의 사랑을 이보다 더 감격스럽게 표현한 약속이 어디에 있습니까?

주님의 사랑이 영원하심에 감사하게 하시옵소서. 그 사랑에 감사로 반응하여 우리도 주님을 그렇게 사랑하게 하시옵소서.

예수님의 이름으로 기도드립니다. 아멘.

십자가의 길 46

|

요 13:38

예수께서 대답하시되 네가 나를 위하여 네 목숨을 버리겠느냐

내가 진실로 진실로 네게 이르노니

닭 울기 전에 네가 세 번 나를 부인하리라

네 목숨을 버리겠느냐

하나님 아버지,

주님께서 베드로에게, "네가 세 번 나를 부인하리라."라고 하시니 감사합니다. 주님께서는 이렇게 말씀하시므로 베드로를 영의 사람으로 세워주시려 하신 줄로 믿습니다. 주님께서는 장차 그가 어떻게 되리라는 것을 내다보셨다고 생각하니 감격스럽습니다. 주님께서는 자기의 시간이 다 되어서 하늘나라로 가실 것을 말씀하셨다고 깨닫습니다. 그런데 아직 육의 사람이었던 베드로는 주님을 사랑하는 열정에, 예수님의 가시는 곳에 목숨을 버리기까지 따르겠다고 맹세하였다고 여겨집니다.

"네 목숨을 버리겠느냐"는 주님의 말씀을 받게 하시옵소서. 이 말씀대로 베드로는 주님을 위하여 자신의 목숨을 버렸다고 확신합니다.

저에게도 아직, 육적인 부분들이 많이 있습니다. 주님의 말씀으로 다스려주시옵소서. 크리스천의 행실은 성령님의 감동에 순종하는 것이지 감정의 충동에 자기를 내어주는 것이 아님을 배웁니다. 육적인, 감정에 충동하는 성품이 다스려지자 베드로는 비로소 주님을 위하여 자기의 목숨을 버리지 않았습니까! 육으로 나타나는 감정을 다스려 주시옵소서.

예수님의 이름으로 기도드립니다. 아멘.

십자가의 길 47

|

요 14:23

예수께서 대답하여 이르시되 사람이 나를 사랑하면

내 말을 지키리니 내 아버지께서 그를 사랑하실 것이요

우리가 그에게 가서 거처를

사람이 나를 사랑하면

하나님 아버지,

"내 말을 지키리니"라고 하시니 감사합니다. 하나님을 사랑하는 자가 하나님의 말씀을 지킨다는 것을 알게 해 주십니다.

감격스럽습니다.

하나님의 말씀을 제일로 지키는 이가 누구이겠습니까. 예수님이시지요. 주님께서는 이 땅에 계시는 동안에도 하나님의 말씀을 지키셨고, 하늘로 오르시고 하나님의 우편보좌에 계신 지금도 하나님의 말씀을 지키고 계신 줄로 믿습니다.

생각해보니, 주님의 하나님께의 사랑이 그렇게 하도록 하신다고 깨닫습니다. 주님께서 보여주셨던 공생애의 시간과 죄인을 위한 제물이 되심과 부활하여 승천하사 하나님의 뜻을 이루셨음이 하나님을 사랑하셨기 때문이라고 확신합니다.

주님을 사랑함이 그의 말씀을 지킴보다 앞선다는 것을 확인합니다. 사랑이 없이 계명을 지킬 수 없지요. 하나님을 사랑하지 않고, 계명을 지킨다면 그것은 윤리적일 뿐, 생명이 가진 것은 아니겠지요.

하나님을 사랑하기를 원합니다. 저의 가슴을 하나님께의 사랑으로 채워주시옵소서. 언제나 먼저 하나님을 사랑하게 하시옵소서.

예수님의 이름으로 기도드립니다. 아멘.

십자가의 길 48

|

요 15:10

내가 아버지의 계명을 지켜

그의 사랑 안에 거하는 것 같이

너희도 내 계명을 지키면 내 사랑 안에 거하리라

내 계명을 지키면

하나님 아버지,

"그의 사랑 안에 거하는"이라고 하시니 감사합니다. 예수님께서 하나님의 계명을 지킴에 본을 보여주셨으니 그대로 따르라 하심인줄로 믿습니다. 그리하여 계명을 지켜 예수님의 사랑 안에 거하라고 초청해 주심에 감격스럽습니다.

예수님은 아기로 마구간에 오셨던 그 때부터 하나님의 계명을 지킴에 본이 되어 주셨다고 확신합니다. 제가 하나님의 계명을 지키기를 원한다면 복음서를 다시 읽게 하신다고 깨닫습니다.

그렇습니다. 복음서를 다시 펴서 주님께서 어떻게 하셨는지를 배우게 하시옵소서. 하나님의 뜻을 이루어 드리려고 어떻게 하셨는지를 살피게 하시옵소서. 그리고 주님께서 하셨듯이 그리하게 하시옵소서.

오늘, 하나님께서 주신 계명을 지키기에 부족하고, 주님의 사랑 안에 거하지 못하는 이유를 알게 하시니 감사합니다. 하나님의 계명을 지킴보다 저의 생각을 앞세웠고, 예수님을 따르지 않고 제 마음대로 했기 때문이라는 것을 깨닫게 하셨습니다.

아하, 지금도 저는 제 생각을 지키기를 원하고 있습니다. 용서해 주시옵소서. 주님께서 주신 계명을 지킴에 열심이게 하시옵소서.

예수님의 이름으로 기도드립니다. 아멘.

십자가의 길 49

|

요 17:1(하)

아버지여 때가 이르렀사오니

아들을 영화롭게 하사

아들로 아버지를 영화롭게 하게 하옵소서

아들로 아버지를 영화롭게 하게

하나님 아버지,

예수님께서 기도하시면서 "때가 이르렀사오니"라고 하시니 감사합니다. 주님께서는 공생애를 보내실 때, '하나님의 시간'에 주목하신 줄로 믿습니다. 주님은 하나님께 영광을 드림에 시간의 초점을 맞추고 계셨다니 감격스럽습니다.

주님께서 말씀하셨던 '때'가 무엇이었나요? 하나님께서 예정하신 시간이라고 받아들입니다. 그 시간은 예수님께서 죄인을 위해서 대속의 제물로 드려질 때라고 생각합니다.(막 14:41)

오늘, 주님께서 간구하신 말씀 중에 "아들을 영화롭게 하사"라는 대목에 방점을 찍습니다. 주님께서는 하나님께서 자기를 영화롭게 해주심으로 하나님을 영화롭게 해드리겠다는 결단을 보이셨습니다.

자신이 십자가에 달려 피 흘려 죽을 것을 아시면서도 그 죽음으로 하나님께 영광이 되기를 원하셨던 주님을 묵상합니다. 이 간구로 주님은 자기가 영광을 얻고자 세상에 오신 분이 아니셨습니다.

누가 자신의 죽음으로 하나님께 영광이 되기를 원합니까? 예수님의 이 기도를 본 받아 하나님께의 영광을 구하게 하시옵소서. 사는 날 동안에, 관심을 하나님께의 영광에 고정시켜 주시옵소서.

예수님의 이름으로 기도드립니다. 아멘.

십자가의 길 50

|

요 17:6(상)

세상 중에서 내게 주신 사람들에게

내가 아버지의 이름을

나타내었나이다

세상중에 하나님 아버지를
나타내신 예수님의 삶

예수님을 본받아 하나님
아버지를 나타내는 것이
성도의 삶

하나님을 영화롭게
하는 것이 십자가의 길

내가 아버지의 이름을

하나님 아버지,

예수님께서 자기의 일하심에 대하여 "아버지를 이 세상에서 영화롭게 하였사오니"라고 하시니 감사합니다. 하나님의 자녀인 성도는 이 세상에서 살아갈 때, 하나님을 나타내어야 할 줄로 믿습니다.

"아버지의 이름을 나타내었나이다."라고 하신 주님의 말씀에서 예수님은 누구이셨는가를 깨닫게 하십니다. 주님의 공생애는 세상에 오신 하나님이셨다는 것을 확신합니다. 이로써 주님께서는 하나님의 이름을 영광스럽게 하셨음에 감격합니다.

오늘, 많은 사람들이 주의 이름으로 선지자노릇을 하고, 주의 이름으로 귀신을 쫓아내기도 하며, 주의 이름으로 많은 권능도 행하는 것을 봅니다. 그런데 주님께서 그들을 가리켜 도무지 알지 못한다고 하셨다는 말씀을 기억하게 하시옵소서.

'왜 사냐고 묻거든'이라는 말을 자주 해왔었는데, 하나님의 이름을 나타내려고 산다고 대답하게 하시옵소서. 제가 살아가야 하는 의미를 하나님을 영화롭게 해드림이라고 대답하게 하시옵소서.

하나님을 영화롭게 하는 한 날이 십자가의 길이라 깨닫습니다. 저의 삶의 이유를 하나님의 이름을 나타냄에 두게 하시옵소서.

예수님의 이름으로 기도드립니다. 아멘.

십자가의 길 51

|

요 18:11

예수께서 베드로더러 이르시되

칼을 칼집에 꽂으라 아버지께서 주신 잔을

내가 마시지 아니하겠느냐 하시니라

아버지께서 주신 잔을

하나님 아버지,
예수님께서 베드로에게 "내가 마시지 아니하겠느냐" 라고 하시니 감사합니다. 잔이 가리키는 것은 주님께서 겪으셔야만 하시는 수난을 의미한다고 믿습니다. 대속의 죽음을 죽으셔야 하셨습니다.
주님의 고난을 당하심이 죄인을 구원하시려는 하나님의 예정이 었다는 사실에 감격스럽습니다. 어리석었던 베드로는 주님께서 수난 당하시는 것을 막느라고 칼을 사용하였지요.
죄인의 구원을 위해서 속죄의 제물이 되셔야 하는 길을 가신 주님이십니다. 하나님께서 주신 잔을 거절하지 않으심으로써 대속의 제물이 되어 주셨으니 감사합니다.
오늘, "아버지께서 주신 잔을"이라는 문장에 방점을 찍습니다. 하나님께서 예수님에게 잔을 주셨던 것처럼, 하나님의 자녀들에게도 잔을 주셨다고 확신합니다. 아하, 저에게도 마셔야 될 잔을 주셨으니 감사로 받게 하시옵소서.
잔을 거절하지 않는 것은 크리스천의 거룩함이라고 여깁니다. 주님을 따르는 자답게 작은 예수가 되어, 아버지의 원대로 되기를 기도하게 하시옵소서. 이로써 십자가의 길을 가게 하시옵소서.

　　　　　　　　　　예수님의 이름으로 기도드립니다. 아멘.

십자가의 길 52

|

요 19:28

그 후에 예수께서 모든 일이 이미 이루어진 줄 아시고

성경을 응하게 하려 하사

이르시되 내가 목마르다 하시니

이미 이루어진 줄 아시고

하나님 아버지,

모든 일을 이루셨다고 하시니 감사합니다. 예수님의 공생애는 하나님의 뜻을 성취함인 줄로 믿습니다. 예수님에게 맡겨진 일을 다 이루셨으니, 그것은 하나님께서 하셨음이라 생각되어 감격스럽습니다.

주님께서는 '다 이루시려고' 인간으로서 견딜 수 없는 육신의 고통을 십자가 위에서 당하셨다고 깨닫습니다. 채찍에 맞으시고, 많은 피를 흘리셨으니 인간적인 몸으로는 목 마르셨겠지요.

주님의 다 이루심에 대하여 "… 죽기까지 복종하셨으니 곧 십자가에 죽으심이라."(빌 2:8)고 하셨습니다. 이로써 독생자가 세상에 오셔야 될 일, 아버지의 뜻을 성취하셨다고 생각합니다.

오늘, 주님께서 보여 주신 '아버지의 뜻'을 이룸을 삶의 과제로 삼게 하시옵소서. 바울도 그 자신에 대하여 결론을 짓기를, 선한 싸움을 싸웠고, 달려갈 길을 마쳤고, 믿음을 지켰다고 했는데, 우리에게도 그리 고백하게 하시옵소서.

하나님께서 자녀로 불러 주셨고, 천국 백성으로 삼아 주셨으니, 저에게 원하시는 하나님의 뜻을 다 이루기를 결단하게 하시옵소서.

하나님의 뜻을 한 번만이 아니고, 다 이루어드리게 하시옵소서.

예수님의 이름으로 기도드립니다. 아멘.

십자가의 길 53
|

요 20:31(상)

오직 이것을 기록함은

너희로 예수께서 하나님의 아들 그리스도이심을

믿게 하려 함이요

오직 이것을 기록함은

하나님 아버지,

요한이 복음서를 기록한 이유를 알게 하시니 감사합니다. 그의 글을 읽는 이들에게 예수님을 믿게 하려는 소원을 갖게 하셨음에 감격스럽습니다. 요한의 소원은 지금도 그의 복음서를 읽는 이들에게도 동일하게 적용이 된다고 믿습니다.

성령님께서 예수님이 누구이신가를 알게 하려고 요한에게 복음서를 쓰도록 하셨다고 확신합니다. 그런데 요한은 자신이 기록한 것은 예수님의 행적 가운데 일부분에 지나지 않았다고 하였습니다. 사람들에게 예수님을 하나님의 아들 그리스도로 믿도록 하는 것만을 기록했다는 것이지요.

오늘, 하나님 앞에서 살아가자는 저의 삶을 돌아보게 됩니다. 정녕, 저는 크리스천으로 예수님이 누구이신가를 증언하는 삶을 살아가고 있는지요? 제가 사람들에게 하는 말들 중에서 예수님을 믿도록 하는 말을 얼마나 하고 있는지요?

요한이 자신의 글에서 그리스도를 증언했다면 저의 삶에서 그리스도를 증언하는 자로 지내게 하시옵소서. 제가 만나는 이들에게 예수님을 구주로 증거 하는 오늘로 지내게 하시옵소서.

예수님의 이름으로 기도드립니다. 아멘.

십자가의 길 54

|

고전 6:18

음행을 피하라

사람이 범하는 죄마다 몸 밖에 있거니와

음행하는 자는 자기 몸에 죄를 범하느니라

자기 몸에 죄를

하나님 아버지,

바울에게 권면하도록 하사, "음행을 피하라." 하시니 감사합니다. 사람이 범하게 되는 죄가 한 번에 끝나는 것이 아니고, 반복적으로 계속되기 때문에서인 줄로 믿습니다. 하나님께서 자기 백성을 거룩하게 하시려는 의도에 감격스럽습니다.

당시에, 음행이 문화의 한 흐름이었던 고린도에서 음행을 피하라는 권면은 음행의 유혹, 음행의 문화에서 떠나는 것을 의미했다고 깨닫습니다. 이로써 자신의 몸에 죄를 짓지 않도록 하셨습니다.

그렇다면 그들에게는 고린도 사람들과는 다르게 살아야 한다는 요청이었다고 여겨집니다. 오늘, '음행을 피하라'는 말씀에 '피함'을 가슴에 담게 하시옵소서.

크리스천은 세상 속에 있지만 세상에 섞여서 지내지 말아야 하기 때문입니다. 오늘을 지내면서 하나님의 백성으로서 다르게 살 것에 대하여 도전하게 하시옵소서.

다르게 산다는 것은 사실, 고린도사회와 긴장관계에 놓여 있으라는 요청, 구별되어야 한다는 것이었다고 봅니다. 사회의 흐름과의 구별, 스스로를 고립시킴에 도전하라는 권면으로 받게 하시옵소서.

예수님의 이름으로 기도드립니다. 아멘.

십자가의 길 55

고전 7:17

오직 주께서 각 사람에게 나눠 주신 대로

하나님이 각 사람을 부르신 그대로 행하라

내가 모든 교회에서 이와 같이 명하노라

각 사람을 부르신 그대로

하나님 아버지,

모든 사람에게 피조물로서 하나님께로부터 받은 것이 있음을 알게 하시니 감사합니다. 교회 공동체에서 각 사람은 자신이 갖고 있는 것으로 지내라 하셨음에 감격스럽습니다.

누구든지 하나님께 지음 받은 피조물로서 인정을 받고, 삶의 영역에서 자신에게 주어진 대로 지내야 한다는 것을 깨닫습니다. 그 삶에서 창조주를 나타내고, 소명을 다해야 한다는 것이지요.

- 자신이 섬겨야 될 일이 있음을 깨닫습니다.(소명)
- 자신이 발휘해야 될 일이 있음을 깨닫습니다.(능력)

오늘, "각 사람을 부르신 그대로"의 문장에서 '부르신 그대로'를 마음에 담습니다. 하나님 앞에서는 누구든지 자신이 사용되어져야 한다는 것을 확신합니다. 자신이 쓰여 져야 할 때, 뒤로 물러나지 않게 하시고, 또한 다른 사람을 간섭하여 제한하지 않게 하시옵소서.

남들과 더불어 지내는 삶에서, 자신을 소중하게 여기듯이 다른 사람을 소중하게 받아들이게 하시옵소서. 자신을 인정하듯이 다른 사람을 인정하게 하시옵소서. 그것이 십자가의 길을 가는 삶이라 여기니, 하나님께 지음을 받은 대로 지내게 하시옵소서.

예수님의 이름으로 기도드립니다. 아멘.

십자가의 길 56

|

고전 16:14

너희

모든 일을 사랑으로

행하라

사랑으로 행하라

하나님 아버지,

고린도 교회에 "사랑으로 행하라." 하시니 감사합니다. 세상 속에서 교회가 섬겨야 될 일들이 많으나 사랑을 먼저 찾으라 하심에서 감격스럽습니다. 주님은 인생에게 보여 진 하나님의 사랑이셨으므로 그 사랑이 먼저라는 것을 배웁니다.

당시에, 고린도 교회의 형편은 어떠했습니까? 그들은 자기들이 체험한 은사를 강조하며 교만을 경쟁하지 않았는지요. 교만에의 유혹을 버리고, 주님 안에서 한 몸을 이루어야 했다고 깨닫습니다. 당시에, 그들이 먼저 찾아야 될 것은 하나님의 일을 하는 것이 아니라, 서로를 섬김이라고 확신합니다. 하나님께서 우리를 사랑하시고, 예수님은 그 사랑에 순종하셨으니, 교회는 사랑으로 하나님의 뜻을 성취해야 한다고 믿습니다.

오늘, 고린도 교회에 주셨던 권면을 저의 것으로 삼게 하시옵소서.
- 교회 공동체에서 회복되어야 할 것이 무엇인지 알려 주시옵소서.
- 사람들이 모인 곳에서 먼저 필요한 것을 알려 주시옵소서.

사랑으로 행하는 것이라고 깨닫습니다. 맞습니까? 하나님의 일을 찾는 것보다 먼저 사랑을 구하게 하시옵소서. 한 몸을 이루어야 하는 교회 공동체에서 사랑으로 섬김을 시작하게 하시옵소서.

예수님의 이름으로 기도드립니다. 아멘.

십자가의 길 57

|

엡 5:2(하)

그는 우리를 위하여 자신을 버리사

향기로운 제물과 희생제물로

하나님께 드리셨느니라

그는 자신을 버리사

하나님 아버지,

예수님에 대하여 "향기로운 제물과 희생제물"이라고 하시니 감사합니다. 주님께서 죄인을 위해서 자신을 버리사, 속죄의 제물로 드려졌음을 믿습니다. 제물로 드려지신 주님의 희생이 감격스럽습니다.

누가 죄인을 하나님께 자녀가 되도록 향기로운 제물이 되겠습니까? 누가 인생을 위해서 자기를 희생하겠습니까?

자기를 버리신 주 예수님, 인생을 위하여 희생제물이 되사, 하나님께 향기로움이 되셨음을 확신하게 하시옵소서. 주님께서는 하나님께 순종하심으로써 향기로운 제물이 되셨고, 죄인을 위한 대속의 죽음에 자기를 내어주심으로써 희생이 되어주셨습니다.

오늘, 주님처럼 자기를 버리고 살아갈 때, 하나님께 아름다운 향기가 되리라고 깨닫습니다. 그러므로 하나님께서 요구하시는 삶을 위하여 자기를 거절하게 하시옵소서. 그리함으로써 하나님께서 받으시기에 합당한 사람으로 지내게 하시옵소서.

주님의 십자가는 바로 그를 따르는 크리스천의 것이어야 한다고 확신합니다. 만일, 그 십자가를 지기를 두려워하거나 피하여 십자가를 지는 것을 외면하지 않게 하시옵소서.

예수님의 이름으로 기도드립니다. 아멘.

십자가의 길 58

엡 5:8

너희가 전에는 어둠이더니

이제는 주 안에서 빛이라

빛의 자녀들처럼 행하라

전에는, 이제는

하나님 아버지,

"주 안에서 빛이라." 하시니 감사합니다. 어둠이었던 지난날에서 빛의 자녀가 되게 하신 줄로 믿습니다. 빛의 자녀처럼 지낼 것을 다짐하면서 감격스럽습니다.

에베소교회, 그들은 지난날에, 죄로 인하여 죽을 수밖에 없었습니다. 그들은 공중 권세 잡은 자에게 종으로 지냈었다고 깨닫습니다. 그들을 예수님께서 어두움의 권세로부터 건져내어 주셨고, 빛의 자녀가 되게 하셨음을 확신합니다.

전에는 어두움이더니 이제는 빛이 되게 하셨습니다. 전에는 죄의 종이었는데, 이제는 빛의 자녀가 되었습니다. 주님께서 빛의 자녀로 삼아 주셨음을 확신합니다.

저는 어떠합니까? 저에게도 죄의 종의 신분에서 하나님의 자녀가 되게 하셨습니다. 그러니, 지난날에 누구였는지를 잊지 않게 하시옵소서. 결코, 지난날로는 돌아갈 수 없기 때문에서입니다.

"주 안에서 빛이라."고 선언해 주신 말씀을 마음에 담습니다. 에베소교회가 빛의 자녀가 되어, 참 빛이신 주님을 그들의 삶에서 드러내어야 했듯이 저 또한, 그렇게 지낼 것을 결단하게 하시옵소서.

예수님의 이름으로 기도드립니다. 아멘.

십자가의 길 59

I

갈 5:16

내가 이르노니

너희는 성령을 따라 행하라 그리하면

육체의 욕심을 이루지 아니하리라

육체의 욕심을 거절함

하나님 아버지,

"성령을 따라 행하라."라고 하시니 감사합니다. 사람이 지니고 있는 의식이나 자신의 노력으로 크리스천의 삶을 살아가지 못한다는 것을 확인하게 하셨음을 생각합니다.

어느 누가 자기를 이길 수 있습니까? 누가 공중 권세 잡은 자의 휘둘림을 물리칠 수 있겠습니까? 사람의 의지로는 하나님의 자녀로 지낼 수 없기 때문에 성령을 주신 줄로 믿습니다.

조문(條文)을 하나, 하나 실행하는 것으로 크리스천이 될 수 없음을 깨닫습니다. 율법을 지켰다는 자기만족에 노예가 되게 할 뿐, 그것은 구원에 이르지 못한다는 것을 확인합니다.

오늘, 누가 저에게 율법의 조문을 들이대면서 신자로 살아갈 것을 가용한다면 저는 탈락하고 말겠지요. 저 자신에 대하여서도 완전하지 못한데, 어찌 율법을 지킨다고 하겠습니까?

하나님을 사랑하여, 하나님의 뜻을 이루어드림을 즐거워하여 율법을 실천하는 삶을 사모하게 하시옵소서. 그때, 성령님의 역사하심을 경험하게 되리라 믿습니다. 성령님의 인도하심에 자신을 내어드려서 그 이끄심에 순종하게 하시옵소서.

예수님의 이름으로 기도드립니다. 아멘.

십자가의 길 60

빌 4:9

너희는 내게

배우고 받고 듣고 본 바를 행하라

그리하면 평강의 하나님이 너희와 함께 계시리라

너희와 함께 계시리라

하나님 아버지,

"평강의 하나님이"라고 하시니 감사합니다. 바울의 관심은 빌립보교회가 하나님께 주목하기를 원했다고 깨닫습니다. 하나님과 함께 하는 사람이 크리스천이라고 하는 것에 감격스럽습니다.

바울이 주님을 닮기를 원하였고, 그에게서 주님만 나타나기를 원하면서 지냈던 삶, 그것이 크리스천이라고 배웁니다. 바울은 그 자신이 실천하는 삶을 살았다고 확인합니다.

이에, 그가 빌립보 성도들에게 권면하고 있는 것을 묵상하기를 원합니다. 배우고-받고, 빌립보 성도들에게 들려준 가르침이라고 봅니다. 듣고-본 바를, 바울에게서 취하게 된 영향이라고 봅니다.

오늘, 신앙과 생활의 표준을 어디에서 찾아야 합니까? '배우고-받고'는 성경을 탐구하면서 얻어질 수 있겠지요. 그렇지만 '듣고-본 바'는 어디에서 얻어야 할까요? 저에게도 깨달은 것을 보게 하시옵소서. 그리고 보았다면 그대로 따르게 하시옵소서.

교회 공동체에서 목회자에게서 배우고 받은 것을 저의 것으로 삼게 하시옵소서. 그리고 그에게서 듣고 본 바를 저의 행위로 삼게 하시옵소서. 이로써 하나님께서 함께 하심을 누리게 하시옵소서.

예수님의 이름으로 기도드립니다. 아멘.

십자가의 길 61

I

딤전 6:14

우리 주 예수 그리스도께서

나타나실 때까지 흠도 없고 책망 받을 것도 없이

이 명령을 지키라

이 명령을 지키라

하나님 아버지,

"나타나실 때까지"라고 하시니 감사합니다. 주님의 재림을 소망하면서 견디는 것이 이 땅에서의 삶인 줄로 믿습니다. 주님의 다시 오심, 심판의 주로 오심을 기다리라 하심에 감격스럽습니다.

하나님께서 젊은 목회자 디모데를 세워주시려고 바울을 사용하신 줄로 믿습니다. 그에게 애정을 갖게 하시고, 신자로 지내는 사람, 목회자로 봉사하는 사람에 대하여 명령하게 하셨습니다.

땅에서의 교회는 주님의 재림을 소망하는 이들의 공동체여야 한다는 것을 분명히 합니다. 심판의 주로 오실 예수님을 기다리는 것에, 크리스천의 방점을 찍게 하셨다고 확신합니다.

오늘, 저의 관심에 대하여 돌아봅니다. 저는 무엇에 의미를 갖고 있는지요. 주님의 재림을 기다림보다 이 땅에서 지내는 것에 마음을 더 두지는 않았음을 회개합니다. 사도들과 초대 교회는 주님의 오심을 목숨처럼 붙들고 지냈는데, 용서해 주시옵소서.

주님께서 다시 오실 때까지 흠이 없기를 결단하게 하시옵소서. 다시 오시는 주님 앞에서 책망 받을 것이 없기를 결단하게 하시옵소서. 그렇게 되도록 가르침을 받은 것에 순종하고 실천하게 하시옵소서.

예수님의 이름으로 기도드립니다. 아멘.

십자가의 길 62

|

딤전 6:18

선을 행하고 선한 사업을 많이 하고

나누어 주기를 좋아하며

너그러운 자가 되게 하라

선을 행하고

하나님 아버지,

"선한 사업을 많이 하고"라고 하시니 감사합니다. 하나님을 기쁘시게 해드리라 하심인 줄로 믿습니다. 자신의 가난함이나 부요는 하나님께로부터 말미암았음을 인정함에서 감격스럽습니다.

스스로에게 물어야 할 것입니다. '하나님께서 왜 나에게 재물을 넉넉히 하여 부자가 되게 하셨는가?' 이 같은 형식으로 가난한 자도 스스로에게 물어야 하겠지요. 지금의 나의 형편은 하나님께서 주심이십니다. 하나님을 기쁘시게 해드려야 됨을 생각합니다. 하나님께서 가난함을 주셨으니 가난함으로 하나님을 영화롭게 해드리라 하심을 깨닫습니다. 하나님께서 부요함을 주셨으니 부요함으로 하나님을 영화롭게 해드리라 하심을 깨닫습니다.

오늘, 나눠 주기를 좋아하라는 말씀을 받습니다. 너그러운 자가 되라는 말씀을 받습니다. 생각해보니, 주님께서 그렇게 지내셨습니다. 바울에게 그렇게 지내게 하시고, 우리로 따르게 하십니다. 자신이 소유하고 있는 것은 모두 하나님께로 왔음에 감사하면서 청지기로 지낼 것을 다짐하게 하시옵소서. 교회 공동체 안에서뿐만 아니라, 교회 밖에 있는 이들에게도 나눔으로 지내게 하시옵소서.

예수님의 이름으로 기도드립니다. 아멘.

십자가의 길 63

딤후 2:3

너는 그리스도 예수의 좋은 병사로

나와 함께

고난을 받으라

고난의 방패가 나를 그리스도 예수의
좋은 병사로 만듭니다

나와 함께 고난을 받으라

하나님 아버지,
디모데에게 "그리스도 예수의 좋은 병사"가 될 것을 격려하시니 감사합니다. 그에게는 바울에게서 받은 진리를 충성된 사람들에게 부탁해야 될 사명을 주었는데, 디모데가 주님께 병사가 될 것을 권면했다고 깨닫습니다.

이제, 디모데에게 주신 것은 고난을 받는 것이었지요. 복음을 전하는 자로 지내왔던 바울의 삶은 고난의 연속이었음을 확인합니다. 자기를 위하지 않으니 고난을 당하는 것은 당연하지 않습니까!

'전도자의 삶=고난'의 등식을 디모데에게 이으려는 바울을 봅니다. 고난을 각오해야만 주님께 좋은 병사가 되기 때문이지요.

오늘, 바울이 저를 본다면 좋겠습니다. 그가 디모데를 인정하였기 때문에 그리 격려했다고 확신합니다. 지금, 성령님께서 "그리스도 예수의 좋은 병사"라고 하시는 음성을 듣는 느낌입니다.

크리스천으로 지낸다는 것은 전쟁터에 나간 군사와 같음을 생각합니다. 주님께 좋은 병사로서 세상에서 겪어야 될 핍박을 두려워하지 않게 하시옵소서. 도리어, 고난을 당함이 병사의 표적이라고 받아들이기를 원합니다. 크리스천으로 지낸다는 것은 핍박의 시간임을 기억하게 하시옵소서.

예수님의 이름으로 기도드립니다. 아멘.

십자가의 길 64

|

딤후 4:5

그러나 너는 모든 일에

신중하여 고난을 받으며

전도자의 일을 하며 네 직무를 다하라

전도자의 길

그러나 너는!

하나님 아버지,

'그러나'라는 말로 디모데가 구별된 신분이라 하시니 감사합니다. 세상 속에 있지만 세상에 속하지 않았다는 것을 천명해 주신 줄로 믿습니다. 디모데에게 '그러나'라고 붙인 접두어가 우리 모두의 것이라고 여길 때, 감격스럽습니다.

'그러나'로 시작된 권면은 참으로 아름답게 한다고 깨닫습니다.

- 모든 일에 근신하여, 곧 행동에서 말이나 행위를 자제하라 했지요.
- 고난을 받으며, 곧 복음으로 사는 삶에 고난이 따름을 의미하지요.
- 전도인의 일을 하며, 곧 복음을 전함에 부름을 확인시켜 주었지요.
- 다하라, 곧 그에게 사역에 최선을 다해서 섬기라 하심이지요.

오늘, 주님의 사역이 바울에게 이어지고, 바울로부터 디모데에게 이어졌듯이 지금은 저에게로 이어졌다고 확신합니다. 이 땅에서 디모데가 되어서 '그러나'로 지내야 함을 깨닫습니다.

'그러나'라는 단어 앞에서 거룩함을 느끼게 하시니 감사합니다. 이제, 이 낱말을 저의 이름 앞에 붙여 호칭으로 삼기를 원합니다. 세상에 속해있지만 세상 속의 그들과는 다른 주님의 것으로 '그러나'로 불려 지게 하시옵소서. 제 이름에 '그러나'를 붙이게 하시옵소서.

예수님의 이름으로 기도드립니다. 아멘.

십자가의 길 65

벧전 1:13

그러므로 너희 마음의 허리를 동이고

근신하여 예수 그리스도께서 나타나실 때에

너희에게 가져다주실 은혜를 온전히 바랄지어다

마음의 허리를 동이고

하나님 아버지,

허리를 동이라고 하시니 감사합니다. 주님께서도 허리에 띠를 띠라고(눅 12:35) 하셨으니, 허리를 동임은 충성스런 종의 자세인 줄로 믿습니다. 어떤 상황에서도 즉시 대응할 수 있지요.

- 대적하여 싸울 때, 허리를 묶어 힘을 쓰기가 쉽게 하지요.
- 전진하여 나갈 때, 의복이 거추장스럽지 않도록 단단히 묶지요.

공중 권세 잡은 자가 역사하는 세상에서는 언제라도 사탄을 대적하며 싸워야 할 것입니다. 허리를 동임은 왕 앞에 있는 곧, 왕의 명령을 기다리는 자의 자세라고 여깁니다.

오늘, "마음의 허리를 동이고"에 방점을 찍어 마음에 담게 하시옵소서. 주님께서 언제 명령을 내리실까 모르니, 주님께 집중해서 지내기를 원합니다. 주님의 말씀이 떨어지기를 기다림이라고 믿습니다.

크리스천의 사람은 주님의 오심을 기다리는 것이라고 믿습니다. 주님께서 오시면 가져다주실 줄 은혜를 소망하면서 지내는 것이 성도의 자세라고 깨닫습니다. 언제 다시 오실지 모르니까요.

지금이라도 주님을 맞이하러 나가게 하시옵소서. 자기 백성에게 주실 칭찬과 상급을 기대하며 주님을 바라게 하시옵소서.

예수님의 이름으로 기도드립니다. 아멘.

십자가의 길 66

|

벧전 2:19

부당하게 고난을 받아도

하나님을 생각함으로

슬픔을 참으면 이는 아름다우나

부당하게 고난을 받아도

하나님 아버지,

"하나님을 생각함으로"라고 하시니 감사합니다. 억울함을 하나님께 맡기고 인내하라 하심인 줄로 믿습니다.

베드로 당시에, 성도들 중에는 노예로 지내거나 남의 집에서 허드렛일을 하면서 근근이 살아가는 이들이 있었는데 이들은 대개 인격적인 대우를 받지 못하였지요. 성격이 난폭하거나 성미가 까다로운 주인에게 부당한 대우를 받았었다고 여깁니다.

그들은 베드로로부터 권면을 받아, 부당하게 어려움을 당한다 할지라도 하나님을 생각함으로 인내해야 하였다고 봅니다. 주님께서도 말씀을 하셨지요. 종이 주인의 부당한 처사에, 하나님께 순종하는 마음으로 참으면 하나님께로부터 인정을 받게 된다고 하셨습니다.

오늘, 크리스천은 사회에서 어떻게 지내야 합니까? 지금의 사회에서는 불법이 성행하고, 불의가 판을 치며, 사회 기반을 흔들고 있습니다. 이러한 세상은 크리스천에 억울한 일을 당하도록 합니다. 불의하다 하여 질서에 도전하지 않게 하시옵소서. 억울하다 하여 감정적으로 분노하지 않게 하시옵소서. 하나님을 생각하게 하시옵소서. 나의 사정을 아시는 하나님을(히 4:12) 바라게 하시옵소서.

예수님의 이름으로 기도드립니다. 아멘.

십자가의 길 67

벧전 2:21(하)

그리스도도 너희를 위하여

고난을 받으사 너희에게 본을 끼쳐 그 자취를

따라오게 하려 하셨느니라

너희에게 본을 끼쳐

하나님 아버지,

"그 자취를 따라오게 하려"라고 하시니 감사합니다. 주님께서 고난을 받으심은 본을 끼치려 하심이라고 믿습니다. 예수님의 고난은 죄인을 구원해 주시려는 하나님의 은총이었음을 깨닫습니다.

-너희를 위하여 고난을 받으셨다고 하셨습니다. 죄인을 대속해 주시려고 속죄의 제물이 되셨을 때의 고난이라고 생각합니다.

-그 자취를 따라오게 하려고 고난을 받으셨다고 하셨습니다. 성도가 구원에 이르는 삶을 살 때, 마땅히 감당해야 할 고난에 따라오도록 하시려고 고난을 받으셨다고 하셨습니다.

오늘, 고난을 겪음을 통해서 주님을 따르게 하시옵소서. 성도가 고난을 받을 때, 하나님을 생각하여 참음으로 하나님의 부르심에 합당하게 되며, 구원을 이루어가는 가는 것(엡 4:1)이라고 깨닫습니다.

"너희에게 본을 끼쳐"라는 문장을 가슴에 담게 하시옵소서. 그렇습니다. '본을 끼쳐'에 방점을 찍게 하시옵소서. 주님을 본으로 삼을 때, 크리스천의 삶은 완전해지리라 믿습니다.

신앙자로서 고난을 겪어야 하는 길에, 주님을 본으로 삼게 하시옵소서. 주님을 중심으로 삼아서 온전함에 이르게 하시옵소서.

예수님의 이름으로 기도드립니다. 아멘.

십자가의 길 68

|

벧전 4:13

오히려 너희가 그리스도의 고난에 참여하는 것으로

즐거워하라 이는 그의 영광을 나타내실 때에

너희로 즐거워하고 기뻐하게 하려 함이라

그리스도의 고난에 참여

하나님 아버지,

"그의 영광을 나타내실 때에"라고 하시니 감사합니다. '그리스도의 고난'은 주님을 믿기 때문에 겪어야 되는 고난인 줄로 믿습니다.

이 고난은 여러 가지로 핍박과 치욕 등을 의미하지만 크리스천의 흔적이라서 영광스러운 것이라고 깨닫습니다. 고난에 "참여하는 것으로 즐거워하라."고 하셨습니다.

주님께서 심판의 주로 재림하시는 날에, "즐거워하고 기뻐하게 하려" 하심이라고 약속하셨습니다. 그러니, 지금, 핍박을 받고 있지만 그 날에는 영광의 승리를 누리게 될 거라고 확신합니다.

오늘, 고난을 피하려고만 하지 않고, 주님의 재림을 기다리기를 원합니다. 현재에 당하는 고난은 견디지 못할 정도로 어렵지만 그 날의 영광을 생각하면 능히 이기고도 남을 만하다고 믿습니다. 고난을 당함에서 십자가의 길을 가게 하심에 감사하기를 원합니다.

오호, 우리로 고난을 받은 후에, 주어질 영광의 승리를 바라보게 하시옵소서. 그러므로 어떤 순간에서도 즐거워하게 하시옵소서. 고난을 당함으로써 크리스천이라는 증거를 본인이 갖고, 세상을 향해서도 증거 하는 것이니 영광의 증표로 삼게 하시옵소서.

예수님의 이름으로 기도드립니다. 아멘.

십자가의 길 69

|

벧전 4:19

그러므로 하나님의 뜻대로 고난을 받는 자들은

또한 선을 행하는 가운데에 그 영혼을

미쁘신 창조주께 의탁할지어다

고난을 받는 자들은

하나님 아버지,

"그 영혼을 미쁘신 창조주께 의탁하라." 하시니 감사합니다. 성도가 주님의 영광을 구하며, 그리스도인이라는 이름을 가질 때, 세상으로부터 고난을 당한다고 하셨으니 담대하게 하시옵소서. 크리스천으로 살아가는데 지불되어야 하는 것은 고난이라고 배웁니다. 시련과 고난을 겪음이 하나님의 은혜라고 믿습니다. 하나님께서 돌보아주심을 경험하고, 고난 중에서 성화의 과정을 누리게 하신다고 깨닫습니다. 이것이 구원에 이르는 코스이지요.

오늘, 세상에서 다르게 지내는데 어떤 값도 치루지 않는다면 그것은 이기적이겠지요. 그러니, 어떤 사람으로부터 고난을 받는다 할 때, 그에게 선을 행하라 하신 권면을 달게 받게 하시옵소서.

이어서, 고난 가운데에서도 하나님께 자신의 영혼을 보호해 주실 것을 부탁드리게 하시옵소서. 하나님은 의지할 아버지이시라고 믿습니다. 주님은 하나님께 자기를 의탁하셨고, 스데반도 그리하였지요.

하나님이 누구이십니까? 세상을 만드시고, 인생을 지으신 창조주이십니다. 나의 주인이신 하나님께 저를 맡김처럼 완벽한 의탁이 또 어디에 있겠습니까! 하나님께 영혼을 의뢰하게 하시옵소서.

예수님의 이름으로 기도드립니다. 아멘.

십자가의 길 70
|
히 12:2(하)

그는 그 앞에 있는 기쁨을 위하여

십자가를 참으사 부끄러움을 개의치 아니하시더니

하나님 보좌 우편에 앉으셨느니라

십자가를 참으사

하나님 아버지,

주님께서 "부끄러움을 개의치 아니" 하시니 감사합니다. 십자가를 지시려고 수치와 고난을 당하셨음에 감격스럽습니다.

"그 앞에 있는 기쁨"은 예수님께서 장차 하나님의 보좌 오른편에 앉게 되실 일을 가리켰다고 깨닫습니다. 십자가를 지신 주님께 하나님이 주신 상급이었다고 확신합니다.

사실, 십자가를 지시려고 받으셔야 하셨던 고통은 얼마나 많으셨습니까? 주님께서는 십자가를 참으셔야 하셨습니다. 악인들에게 비난을 받으셔야 했고 침 뱉음과 매 맞음을 당하셨으며, 옷을 벗기어 십자가에 못 박혀 달리셨습니다.

오늘, 주님께서 친히 수치와 고난을 당하시며, 끝까지 참으셨음을 생각하게 하시옵소서. 주님의 참으심으로 우리의 것으로 삼아야 하기 때문이지요. 주님께서 십자가를 참으신 것까지만 따르게 하시옵소서.

부끄러움을 개의치 아니하시던 주님은 그를 따르려는 크리스천에게 모범이 되셨다고 확신합니다. 예수님을 바라보면서 경주해야 하는 저희들, 친히 신앙 경주의 모범이 되신 주님을 따르게 하시옵소서. 주님 안에서 신앙의 길을 걸어가게 하시옵소서.

예수님의 이름으로 기도드립니다. 아멘.

한치호 목사의 다른 책들

심령의 부흥, 읽는기도 91일, 2022
교회를 위한 읽는기도 91일, 2021
교회정착, 새신자 100일 기도문, 2020
헌신·절기·행사 대표기도문 77, 2019
기도, 처음인데 어떻게 하나요, 2019
잠언으로 자녀를 축복하는 읽는기도1, 2016
대심방 능력기도문, 2016
추모·장례 설교와 기도문, 2015
가족을 축복하는 읽는기도 100일, 2015
정시기도-읽는기도, 2014
능력기도 예배 대표기도문, 2013

한치호 목사 묵상기도
십자가의 길 70일

1판 인쇄일_ 2022년 6월 16일
1쇄 발행일_ 2022년 6월 23일

지은이_ 한치호
펴낸이_ 한치호
펴낸곳_ 종려가지
등록_ 제311 - 2014000013호(2014.3.21.)
주소_ 서울특별시 은평구 은평로14길 9 - 5
전화_ 02)359.9657
디자인 내지_구본일
디자인 표지_이순옥
제작대행_세줄기획(02.2265.3749)
영업대행_두돌비(02.964.6993)

ⓒ2022, 한치호

값 7,000원

ISBN 979-11-90968-38-6

문서사역에 대한 질문은 모바일 010. 3738. 5307로 해주십시오.